沖縄旅行記

― 本島、石垣島、与那国島、波照間島
黒島、西表島、竹富島 ―

1987年8月22日(土)〜9月18日(金)

鈴木　正行

学文社

目次＊沖縄旅行記

沖縄旅行記

——本島、石垣島、与那国島、波照間島、黒島、西表島、竹富島——

一九八七年八月二十二日（土）〜九月十八日（金）

沖縄本島

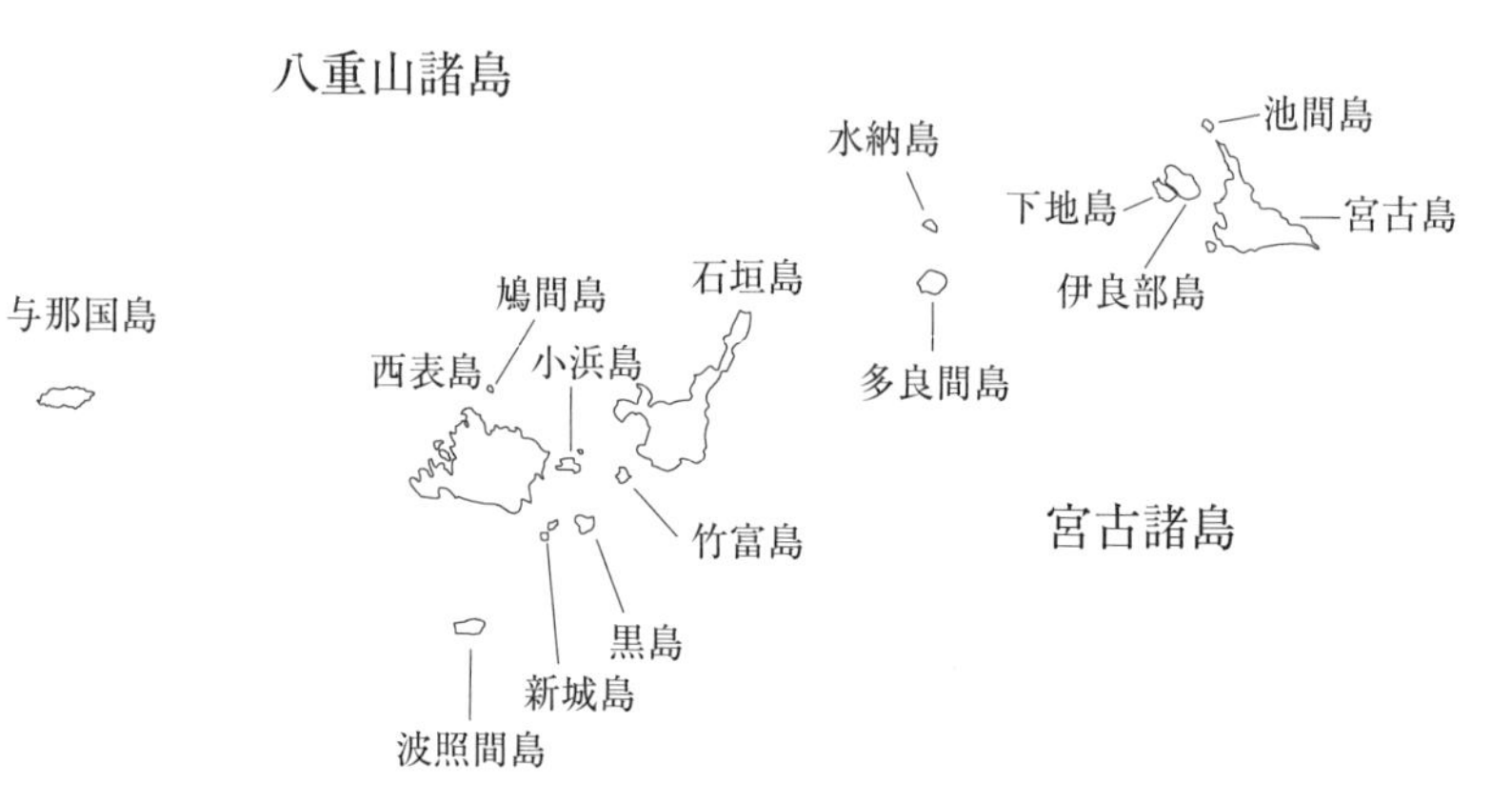
八重山諸島
池間島
水納島
下地島
宮古島
伊良部島
多良間島
与那国島
鳩間島
石垣島
西表島
小浜島
竹富島
宮古諸島
黒島
新城島
波照間島

沖縄へ

三十七歳の夏を

この沖縄行きが決まったのは、その出発から一週間程前だった。この二年程、夏は（七月から九月、夜学の休暇期間）、中国、オーストラリアへとそれぞれ出掛けていた。

勿論今年も可能なら、そうしたかったのだが、夜学の四年に当たる今年は、選択していた教職課程との関連から、数県で――三十五歳以上でも受験資格がある県は限られていた――採用試験を受ける為に、異国へ旅行は出来なかった。

実際この沖縄旅行も、もし偶然にも第一次試験に通っていれば、来られなかったものであり、そういった意味では幸運だったのかも知れない。発表があった三県すべてが不合格であり、次の発表までの間に一カ月近くの時間があった為に、この計画が再び浮上して来たのだった。

十四年前（一九七三年）に一度訪れているが、その時は西表島までしか、足を延ばしていない。従ってそれ以来ずっと、与那国島、波照間島行きを熱望していたのだった。いくつもの外国の町を見て来てはいるが、やはり自国の極（はし）を見残しているというのは、どうにも気分の良いものではなかった。

これまでにも従って、数回沖縄再訪を計画したが、日程的にどうしても難しく――この二島を訪れる為には最低でも三週間は必要だった――、実現できぬままにいたのだった。そこにケガの功名から――たまたまの偶然から――か、一カ月近くの空白期間が出来し、迷うことなくこの行を決めたのだった。

最初に船の出港日を確定し、それに繋がる沖縄本島からの石垣島行きをチェックし、いい具合に同じ船で有効な時間で動けるものを見つけ、それに乗船することを決めた。

まず例によって、さぐりの部分から……。とにかく「学生」という身分を有効に使うべく、船賃の学割の適用の有無を調べる。利用すべく会社は「琉球海運」。東京からはあと一社、「大島運輸」が運航しているが、後者は途中、奄美群島に寄港して行く為に、時間的なロスがあった。

従って迷うことなく前者の方を選んだ。それにユースホステル――以下、単にユース、あるいはYHとも記すこともある――の会員であれば、船内食事が得られるというのも大きな魅力だった。加えて私のスケジュールにピッタリの船便があったからだった。

出港予定の二日前に、その東京支社に電話を入れる。最も訊きたいことの確認である。

「学割はありますか?」

「はい」

「東京↓那覇↓石垣の往復を買いたいのですが、どのような割引になるのですか?」

相手は、

「担当の者に変わる」

と言って、暫しの空白が流れた。

「電話、変わりましたが、何でしょうか?」

こちらの話の説明を受けてないらしく、再び同じことを話して問う。

「学割は二割ですよ」

「それは分かっています。ただ往復するのですが、それの割引はないのですか?」

相手は軽く受け答えようとする。その言葉遣いから沖縄の人のようだ。

「三割ですよ、帰路がさらに一割引きされますから」

私は確認する。

「往きが二割で、復路が三割引きになるのですね」

「そういうことですね」

「どこで買ったらいいのですか。そちらのオフィスはどこにあるのですか?」

「いいえ、わざわざこちらに来てもらわなくても、旅行代理店ならどこでも買えますよ。たくさんあるでしょう」

船切符購入での不快ごと

二日前の電話での話を信じて、出港当日（八月二十二日）の朝九時三十分に、自宅から比較的近くの日本橋堀留町にある、「日本交通公社（以下、単に交通公社）」の支店へ行く――この後の成り行きを考えれば、その電話をした日か翌日に、直接「琉球海運」のオフィスに行っておけば良かったと思う。

出港時刻は正午十二時である。有明埠頭なので、自宅から一時間半もあれば、その埠頭に行けると思っている。交通公社での切符の購入は三十分もあれば済むと思っていたが……。

交通公社での対応に当たった男は感じがひどく悪かった。私は東京―那覇間の船切符、「琉球海運」のそれの発給を依頼したのだ。

そして一昨日、同海運の男が言った割引のことを。しかし、割引は二割で、三割など、復路としてのそれはないと。

そこで言い合っていても埒が明かずで、そこから「琉球海運」に電話してもらう。そして男は私にその受話器を渡した。

「一昨日、そちらに問い合わせた者ですが、往路が二割、復路は三割引きと言われたのですが……」

「今、担当者が居ないので、分かりません」

「どこに行ったのですか?」

「有明の埠頭です」

「連絡は取れないのですか?」

「まだ、着いていないようです」

十時近くになっているのだから、そんな筈はないのだ。しかしこちらから、そのことを言っても始まらない。

相手は、担当者が居ない、の一点張り。私には結果は目に見えていたが、簡単には引き下がらない。わざわざこの交通公社の支店まで来ているのだから。確かにこの会社としては、言い掛かり、みたいなものかも知れないが——割引を三割と言ったのは「琉球海運」の者なのだから——。しかしそうだとしても、もう少しこちらに対する対応の仕方もあると思えるのだが。

私は納得しない風をそのオフィスで見せている。つまり、そうと解っていれば、わざわざ日本橋に近いこのオフィスまでは来ていない。最初から有明の船乗場に行っていた。このことがあって、私自身がある意味、無駄な行為をしているのだ。

交通公社の男は明らかに不快な表情を作って、もうこちらを見ずに、ソッポを向いている。早く私がここから居なくなればいい、という態度を露骨に示していた。

時刻は十時を過ぎる。ぐずぐずしていたら、船に乗り込むことはできない。私は電話を切る為に、その電話の相手の名前を訊いて、受話器を置いた。

交通公社の男の不快気は変わらない。もうこのオフィスに居る意味もないので、そこを出る。私の方こそひどく不快だったが仕方ない。

来た道をやはり歩いて戻る。早足になっている。

二十分程で自宅に着き、用意してあったリュックを背負うと、一分もせずに玄関を出た。船の出港時刻まで一時間半（十時三十分）である。

近くの都営バスの停留所から、数分して来たそのバスに乗り込み、門前仲町へ。

十分後（十時四十六分）にそこに着き、次にそこから地下鉄に乗り、東陽町駅で下車する。地上に出ると十一時に数分前だ。本来ならここから有明埠頭まで、やはり都営バスで行くつもりだったが、船の発時刻に間に合うバスの便はなかった。バスだとそこまで二〜三十分はかかると見ていた方がいいと思えて。となるとそれに間に合う便はなかった。

それでここからはタクシーで行くことにする。バカな話である。僅か千数百円の違いの為に（もし三割引きがあったとしたら）、タクシー代二千円を余分に支出したのだから（都営バスだったら百六十円）。ならば始めから二割引きのみで納得し、東陽町駅からの都営バスに間に合うように、その駅に着いていれば良かったのだ。いつだって私の行動には失敗がついて回るのだ。

タクシーだと埠頭には十五分程で着いた。早速、「琉球海運」のオフィスとなっている「コンテナ」の処へ行く。そしてそこに居た男に、往復でのそして学割のことを問う。

一昨日電話で話した男のように思われた。勿論電話なので顔を見てはいないので、百％そうだとは言えなかったが、声のトーンと話し方から、そう思えた。

しかし相手はこちらが一昨日の電話のことを言うと、初めからトボけた。そして、トボけ通した。

「そんなこと言った覚えはない」

とか、

「会社には沢山、人が居るから、誰がそんなことを言ったかは分からない」

とか、

「三割引きなんて、そんなの規約にない」

とか。私はそんな言い訳を期待していたのではない。ただ一言、自分の間違いを認め、謝りの言葉を聞きたかっただけなのだ。誰にだって業務に対する勘違いや、不慣れなことから来る間違いはあるのだから。

しかし現実には私の執拗さに、

「乗るの、乗らないの？」

と全く誠実さのない態度に出た。やはり、まだまだ日本は遅れているのだ。十全には庶民の力は絶対的ではないのだ。どこかしらに、売り手市場的な色合いが残っているのだった。

本土復帰から十五年を経たが、それより長いアメリカ統治があったが故に、いくらか内地の感覚とは違うものがあっても仕方ないと言えた（いや、内地の会社であっても、このような時には、同じような態度を取る者は、多く居るのかも知れないが……）。

とにかくそこで、東京↓那覇↓石垣島への往復の船切符を購入した。二割引きという、その本来の規程のままに。

何も最初からそのように説明を受けていれば――電話で問い合わせた時点で、「三割引きはなく、二割引きのみです」と言ってくれていれば――、それで納得していたのだ。ただ自分の働く会社の規約すら知らずに、「課長です」――昨日の電話の声から、相手がそこに居る「課長」であることが分かった。しかし相手は、その日の電話で話したのは、自分ではない、と言い張ったが――と、大きな顔をしているのが、腹立たしかった。

人の上に立つ立場に居るのなら、それ相応の品格のある者でなければならないと思うのだけれど、ここではそうではないようだった。

那覇へ

「琉球海運」の大型客船「さんしゃいん　おきなわ」は、定刻（正午）より三十分遅れで有明埠頭を離れた。那覇まで約五十時間、丸々二日間の船旅である。

料金は、東京↓那覇間は一般の二等運賃は一万九千百円で、二割引きで、一万五千二百八十円。

これが往復なので、三万五百六十円。

那覇→石垣島間は、五千百円で、二割引きで、四千八十円。往復で八千百六十円。

合計で、三万八千七百二十円を支払っていた。マァ、それでいいと思う。

私はとにかく沖縄への一歩を踏み出した。

船内は考えていた程には混んではいなく、ゆったりと二等船室（大部屋）ではスペースを取って、その時間を過ごすことができた。

特別、船中ではやることはない。ただ食事時刻になった時、その食堂に赴けばよい。その後は持参した文庫本を読んで時間を潰すのみだ。


今私は三十七歳だが、某私立大学の夜間部（二部）に通い、四年生になっている。日中（午前七時から午後一時までの、六時間）は自宅から自転車で十五分程の処にある鶏肉卸し問屋で、その鶏肉（卵もあり）をホテルや食堂やラーメン店に卸す配送の運転のバイトをしている。

月曜から土曜までの週六日で、大体一カ月給与は十万円になるか、ならないかという程である。ただほぼ無駄遣いはしないので、その金銭を旅行に当てることができている。

自分でも不思議に思う程に――夜学が休みになる――、冬休み、春休み、夏休みごとに動いている。

二年次の、一九八五年夏休み（七月～九月）は、「中華人民共和国」旅行。

七月三十一日、空路で香港に入る。町中の安宿に三泊して、中国の査証を取得して、列車で香港領内・羅湖から中国領内・深圳駅に入境する。そこで入国手続きをして、中国本土へと入って行く。その後は以下のように動いている。広州→梧州→陽朔→桂林→昆明→石林→昆明→成都→大足→重慶→鄭州→ウルムチ→新和→カシュガル→五団→トルファン→敦煌→莫高窟→酒泉→西安→、そして上海。同地を九月二十三日発、船便（「鑑真号」）で、翌々日帰国（大阪港着）した。

一九八五年～八六年冬休み（年末年始）、与論島。

一九八六年春休み（二月～三月）、台湾、香港、スリランカ旅行。

三年次へと。一九八六年春休み（三月～四月）、韓国旅行。

一九八六年夏休み（七月～九月）、シンガポール、オーストラリア、ニュージーランド旅行。

一九八七年冬休み（八六年十二月～八七年一月）、対馬、壱岐、博多、広島旅行。

一九八七年春休み（二月）、北海道（松前、大沼、室蘭、札幌）、東北（青森、象潟、飛島、粟島、鶴岡、新潟）旅行。

四年次へと。一九八七年春休み（三月～四月）、タイ、バングラデシュ旅行。

一九八七年夏休み（八月）、北海道（奥尻島、積丹、札幌）、東北（仙台）旅行。

そしてその北海道、東北旅行から戻って、十日程して、この沖縄への船に乗り込んでいる。

それにつけても、有明埠頭へのタクシー代二千円が――つまり「琉球海運」の電話での相手の対応が——納得できずにいる。それを船中でも引きずっている。この無駄遣いをどこかで調整しなければならない。

つまりは沖縄での行動でも、なるべく安く過ごしてゆくということ。宿代と飲食代を抑えてゆかねばと思う。私の国内旅行での宿は、殆どユースホステルである。那覇にも石垣島にも、それはある。従ってその地では、そこに泊まるつもりでいる。

問題はそのユースがない、与那国島と波照間島なのだ。その双方の島で、でも安い宿が見つけられれば良いと思っている。素泊まりでユースなみの千五百円位であれば、タクシー代の無駄遣いを帳消しできるのだが……。

船中二日目

この船にして良かったことは、当初から分かっていたことだが、食事が供されるということだ。二日目はつまり、朝昼夕の三食が出るのだ。決められた時間のうちに食堂に行けば、それは支給される。マァそのことを考えれば、この船会社に好感を抱いてもいいのかも知れない。

二日目は丸々一日、船での時間だ。昨夜は八時頃には大部屋のその一隅に確保したスペースで、備え付けの枕と毛布を被って眠りに就いた。

そして今朝は八時少し前には目覚め動き出し、朝食を済ますと、もう何をしてもいい。といっても船中、大部屋とデッキ位しか過ごす処はない。娯楽スペースはあるが、私には大して興味のない処だ。

多くは大部屋の自分のスペースで横になっている。たまに持参の文庫本を読んで。昼食後も同じように時を送る。飛行機ではなく船を使用するということは、このような時間の経過は分かっていることなので、問題ない。八五〜八六年の年末年始に行った「与論島」往復時の船旅でも、同じような経験をしているので（あの時も有明埠頭発着だった）。


今少し前、午後四時十分頃、船内放送があって、船の現在位置を報らせた。四国、足摺岬、南方二百km、九州、種子島東方二百kmの海上を航行していると。位置放送は昨日も一度あったが、今日もたぶんその一回で終わりだろう。マァ何も、全くないよりはマシかも知れない。

この船、コンピュータ制御のスタピライザーを船腹に設置しているとのことで、そのせいかどうかは分からないけれど、思ったより揺れは確かに少ない。七年前の小笠原村、父島へ行った時（六月下旬）はもっと揺れたし、一昨年（既記）の与論島への船の時にも、こんなに安定はしていなかったと思う。

ただ一九八〇年の、あの（結果として、二年以上に亘るアジア西進から中東、アフリカを目指した長い旅行の始まりの）横浜から香港へのソ連船での船行の時（八月中旬）には、全くのベタナギだったことを思うと、夏の太平洋から南シナ海辺は比較的、海は穏やかなものなのかも知れない。しかし往きは良い良い復(かえ)りは……、というか。特に九月中旬は台風シーズン真只中だからどうなることか。まず船が出てくれればいいが……。帰路を予定している九月半ば頃に船が運航されることを祈るばかりだ（その船切符を購入済みなので尚更だ）。

船室に居る者は多くはないが、殆どの男は煙草を吸っているので、その嗅(にお)いが耐えられない私は、そこには居られずデッキ等に出ていることが多い。幼い子供は船内を遊び場代わりとしていて、キャーキャー言いながら走り回っている。

この船、排水量五千トン（公称）というけれど思いの他、船室以外に休める処がない、今食堂に居るけれど、ロビーのようなスペースは見つけることはできずにいる。

通路に置かれているテーブルも単なるそれではなく、画面のあるゲーム卓になっている。それが二台あるのみだ。

ソ連船のような船内施設があることを望む方がおかしいのかも知れない。せめて「青函連絡船」のように「禁煙スペース」があればいいのだけれど、公共の乗り物にそのようなスペースが設けられていないということは、日本はまだまだと思えている――欧州や米国やオーストラリアではこのような乗り物には間違いなく「禁煙スペース」は設けられていると思う（尚、青函連絡船は一九八八年三月に、「青函トンネル」の開通と共に、その通常運航を終えた。正式廃止は同年九月）。

沖縄本島

那覇

東京（有明）を発って三日目の午後三時少し前（二時五十三分）、船は那覇新港の埠頭に接舷された。

十四年ぶりの沖縄である。

下船するとすぐに港ターミナルビルへと行く。那覇→石垣島間の船切符を貰う。有明埠頭ではそれを得ることはできなかった。というのはそこにはその切符がなかったからだ。この時の沖縄の船会社の実情を示している。

石垣島へ行く船はこの日の夜十時に出港する。同じ船「さんしゃいん おきなわ」である。

那覇市内をそれまで見物する。時間潰しにはちょうどいい。デイパックを背負って、新港から泊港へと向かう。

二十分後（三時四十分）、「泊大橋」に着く。その橋が目を引く。昨、昭和六十一年三月に完成したという。それは確かに旧港と新港を結ぶ幹線道となっていた。

同大橋は渡らずに、泊港を水辺に沿って巻くように通り、国道五十八号線に出、右折する。そ

①那覇新港
②泊港
③那覇港
④明治橋
⑤泊大橋
⑥旭橋
⑦波之上宮
⑧国際通り
⑨大道通り
⑩沖縄
ツーリスト社
⑪波之上橋
⑫那覇
バスターミナル
⑬平和通り
⑭国道 58 号線
⑮那覇港
ターミナル
⑯龍潭公園
（龍潭池）
⑰沖縄県立博物館
⑱守礼の門
㋐那覇 YH
㋑玉園荘 YH
㋒春海荘 YH
奥武山
公園
旧崇元寺石門
安里
観音堂前
首里

那覇の中心

のすぐ左側にある「沖縄ツーリスト社」へ入る。

石垣島から与那国島への船便のスケジュールを訊く。暑い日盛りの中を歩いて来た身には、その冷房の効いたオフィスは気持ち良かった。

「石垣島発は二十六日、午前九時」

と言う。石垣島到着が二十五日で良かったと思う。二十五日一日を石垣島に泊まり、翌日、与那国島に着く。それなりに思惑通りに進むようで、少しホッとする。

沖縄ツーリスト社を出ると、五十八号線を南下する。確かにこの道も十四年前に歩いた筈である。しかし何も記憶は残っていない。

『当時、こんなに広い道だったのだろうか?』

大きな交差点では、横断歩道はなくなり、歩道橋になっている。これもこの十四年の間に出来たものではないか。いや、米国統治下であったのだから、それ以前にもあった――もともと歩道橋だった――のかも知れないが……。

沖縄ツーリスト社を出て三十五分後、那覇港(旧港)のターミナルに着く。石垣島からの戻りの時にはここに着く筈だった。しかし今は閑散としている。

ターミナル内の待合室のベンチで休憩する。暑い処を歩くと、そう三十分も歩くと、小休止がしたくなる。一時間も歩くと、中休止がしたくなる。それ以上歩くと、横になって暫し、目を閉じたくなる。

出港時刻の十時まで、何もない。ゆっくりと疲れを癒す。待合室にある自動販売機から清涼飲料水を買って飲む。体内の水分は、その殆どが汗になって放出されていた。

港を東に出るか、西に出るか迷ったが、「波之上宮」方面（西から北方向）に行く。港から東方向にある国際通りには、帰路に二泊するつもりなので、その時に歩けばいい。

ゆっくりと「波之上宮」を目指して歩む。十四年前には何もなかった辺りに大きな建物が建っている。ホテルも建ち、道も整備された。すべてが小綺麗に変わっている。成程、走る車も本土並みに美しい。かつてあった、軽トラックの白タクはもう見掛けない。

「波之上宮」より、「波之上橋」を望む

「波之上宮」に着く手前から、昨年三月に完成した「泊大橋」に続く新道も出来ている。

――この大橋そのものが、十四年前より、より海側に造り直されていて、従って、新道もより海側に造成されていて、その分、「宮」も以前は町の端っ子（海際）という感じだったが、大橋が海側に寄ったことから、新道から続く、その南にある「波之上橋」も海側に架けられたことから、「宮」そのものが、かなり内側に位置するようになっていた――

私は道をいくらか引き返し、自動車教習所を巻くように、その「宮」へと上って行った。

かつては何もない泥地だったそこに、その教習所が出来、同じ敷地に「スイミング・スクール」や「レストラン」も建っている。

時の流れはこの界隈も大きく変えた。十四年前にはいくつもあった薄汚い「連れ込み宿」は、「モーテル」のような色合いの建物に変わり、当の「波之上宮」自体も建て直され、そしてこの時さらに参道は改修されていた。

「宮」に続く公園も市民の憩いの場になっている。

どう記憶を辿っても、このような「東屋」はなかったと思われるそれが、高台に出来ている。

また、そこから眺める「波之上橋」、そしてそれに続く水辺が美しい。街並、風物は確かに本土のようになって来ていると思う。しかし人の暮らしや習慣は……。まだこの地域独自のものがあるように……。

例えば――これは実際に私が目にしたことだ――、夏休み中の女子高校生が平気で人前で煙草を吸う。こと煙草に関しては、この沖縄では本土とは違った状況が見られる。とても「嫌煙権」が認知されている県ではない。まず十人中、八人九人は男女に限らずそれを好む。喫煙がその地域の何かのバロメーターならば、確かに沖縄は本土と一線を画していると言ってもいいだろう（勿論、本土でも多くの喫煙者が居ることも事実だが）。

八重山諸島へ

石垣島へ

午後七時少し前に「波之上宮」を離れ、十分後、「泊大橋」に着き、その橋上を、景色を眺めながらゆっくり歩く。そして、同七時半少し過ぎに新港に戻る。停泊中の「さんしゃいん おきなわ」に同三十九分、乗り込む（巻末資料1-A、1-B、1-C）。

まだ正式には客の乗船は開始されてはいないのだが、船腹に垂れ下がっているタラップを昇って行く。咎められることはなかった。

そして船内にも入れた。船内構造を知っているので、開いていた一等客室に入り、そこのトイレ兼シャワールームに入り、上半身を洗い拭う。

汗でベタついていた身体はそんな程度のことでも、いくらか気持ち良くなった。あとは出港までの時を、通路にある椅子に坐って待っていればいい。

九時、乗客が大勢乗り込んでくる。それは見る間に二等客室を塞いでいった。

出港は予定時刻より五分早い、九時五十五分。その頃には、東京からの時の倍以上の客が乗り込み、二等客室では寝返りも打てないような人数（ひとかず）になっていた。その客室のスペースに、人々はほぼすき間なく身を横たえていた。多くの客達はそんな混雑を忌避して、上甲板や通路やロビーに屯していた。子供等の騒ぐ声がひどくうるさく感じられながらも、ただ時を待つ以外になかった。

翌朝十時四十五分、船は石垣島の予定されていた埠頭に接舷され、そして同五十分、下船する。昨夜は真に眠たくなる零時近くまで、あちこちウロつき、そして与えられた五十㎝幅のスペースに横になった。

両隣りには勿論、男たちが寝ている。僅かの身の動きにも、どちらかの男の足や腕にぶつかる。その度にお互いが身を動かす。これは神経を使うことだ。あまり動かすと、逆隣りの男にぶつかってしまうからだ。

しかし横になれるだけマシなのかも知れない。とにかく一通り眠ったと思う。六時には目覚め、そのスペースを離れ、前夜と同じく上甲板へ行って、時を過ごした。

この船の石垣島入港予定時刻は十一時三十分である。それより四十分以上も早いということはどうしたことなのか。船の能力（エンジン馬力）に、他船に比べて差があるのか、それともたまたま波の具合が良かったのか。とにかく遅れるよりかはいい。

十時五十分、下船すると町の方向目指して歩き出した。まず宿を確保する為、公衆電話からユースホステルへ電話を入れ、そこ（「石垣氏邸ホステル」）へ赴く。

石垣島。港ターミナルと市街地

石垣島。石垣氏邸ユースホステル、入り口

まだ午前中だったので――チェックインは午後三時半ということで――、出て来た人は迷惑そうで、少し不満をもらされたが、とにかくリュックは置かせてもらって、そこを出る。門前払いされなかっただけでも良しとする。

再び港へと戻る。明日行く予定の、与那国島への船切符を購入する為に。

福山海運という会社がその島へ船を運航している。

季節外れなのか、それとももともとあまり多くは行かないのか。前日というのに、乗船名簿に書く私の名は一番上だ。

料金、二千六百四十円を支払って、船切符を受け取って、そのオフィスを出る。あとは適当に時間を送ればいい。市内の見物箇所を歩いて巡る。

土産物屋で絵ハガキを求め、知人宛てにそれを書いて郵便局から投函し、次に石垣市立八重山博物館に午後一時十五分に入り（入館料＝五十円）、小一時間、館内を見学して過ごす。

そして次に、歩いて五分程の「宮良殿」内に入り、見物する。ここは十分程で終わり、次に「桃林寺」へ。

ゆっくり暢びり歩いて、五分程で同寺に着く。

しかしここも十分程で出て、次は、隣接するようにある「権現堂」へ。ここは二〜三分居て出る。太陽は燦燦（サンサン）と降り注ぎ暑い。正しく沖縄である。

沖縄に来て嬉しいことは、本土に比べて物価が、特に食べ物が安いことである。ラーメンでもご飯物でも、二百円で食べられる。勿論、観光客相手の店では本土と同じような料金だが。

チェックインが可能になる三時半に合わせて、その時刻にユースホステルに戻る。六畳程の部屋を与えられて、一時間半程休んで、そこを出る。銭湯へと向かう。

宿には風呂はなく、歩いて二〜三分の処にある「銭湯」へと行く。汗でベタベタした身体の汚れを洗い流す。石垣島にある銭湯（二百円）も、本土のそれと特に変わったものではなく、午後五時頃から三十分程をかけて、身体、髪を洗い、そこを出る。

帰宿後、六時半頃に夕食に出て行く。この宿は今は食事の提供はしておらず、素泊まりで千六百円である。今のところ男性は私ともう一人で、女性は三〜四名居るようだ。部屋は畳敷きの合部屋だが、女性とは当然別なので正確な数は分からない。まだ竹富島や西表島からの船便があるので、宿泊客が増えるかも知れない。

ここは自宅解放型のユースホステルなので、その主人（ペアレント）がどういう人かによって、その印象は違って来る。今回のその人の対応は、可もなく不可もなく、といった感じだ。

夕食に考えていた店を探し出すことができず、予定外の店に入る。

「トンカツ定食、四百円」

という引き文句に、引かれてそのエレベータに乗ったら、自然に「屋上のビアガーデン」に運ばれていた。その場所も予定外となった。

しかしメニューの「トンカツ定食」は、四百円にしては満足のゆくものだった。オリオンビール、三百円と共に、計七百円で幸せな夕食を摂ることができた。石垣市内のこの船着場（ターミナル）前の、海岸通り周辺は、案外面白い処になるかも知れない。やはり食べ物が安いというのが何よりもいい。

与那国島へ

翌朝、与那国島への船がちゃんと出航するかの確認に、七時半前には宿を出て、十数分後には港ターミナルに着き、同島への船便の確認をする。

「予定通り、運航する」

と聞いて、八時過ぎに宿に戻る。そして、定時の九時に合わせて、今度は荷物（リュック）を背負って、八時半には再びターミナルに来ている。

与那国島行きの船、「よなくに」は定刻より十分遅れただけで石垣の港を離れた（巻末資料2-A）。これはあるいはラッキーだったのかも知れない。その後の状況から考えたとしたら。

船内には男性観光客八人が乗り込んでいる。他には地元の男が数人。あとは船会社の男たち三人。この時この船には男しか居ない。

竹富島、小浜島、西表島を左手の前方に見ながら進む。右側には石垣島が続く。

西表島を抜けるまでには、いくつもの石垣島からの船が望めた。しかし鳩間島が近

石垣島、離島への船着場

付く頃になると、もう他船の姿は視界からは消えた。あとは与那国島に着くまで、独行……。

船は思ったよりは揺れず、順調に進んだ。観光客の殆どは船室で横になっていた。私を含めて一人二人が操舵室横や、荷の積まれたデッキに出て、変わりゆく景色を眺めていた。海は濃藍色に深く沈んでいた。

石垣島→与那国島への船、「よなくに」の操舵室入口辺と、西崎灯台を望む

午後四時二十分、与那国島の久部良港に到着。十分後に下船する。先に下船していた観光客の二人は西崎（いりざき）方面へと歩き出していた。他の六人は、一人は自転車、一人はバイク、私を入れて四人は結局、宿と決めた民宿の車の来るのを待った。

船着場近くにあった郵便局から、私はその民宿

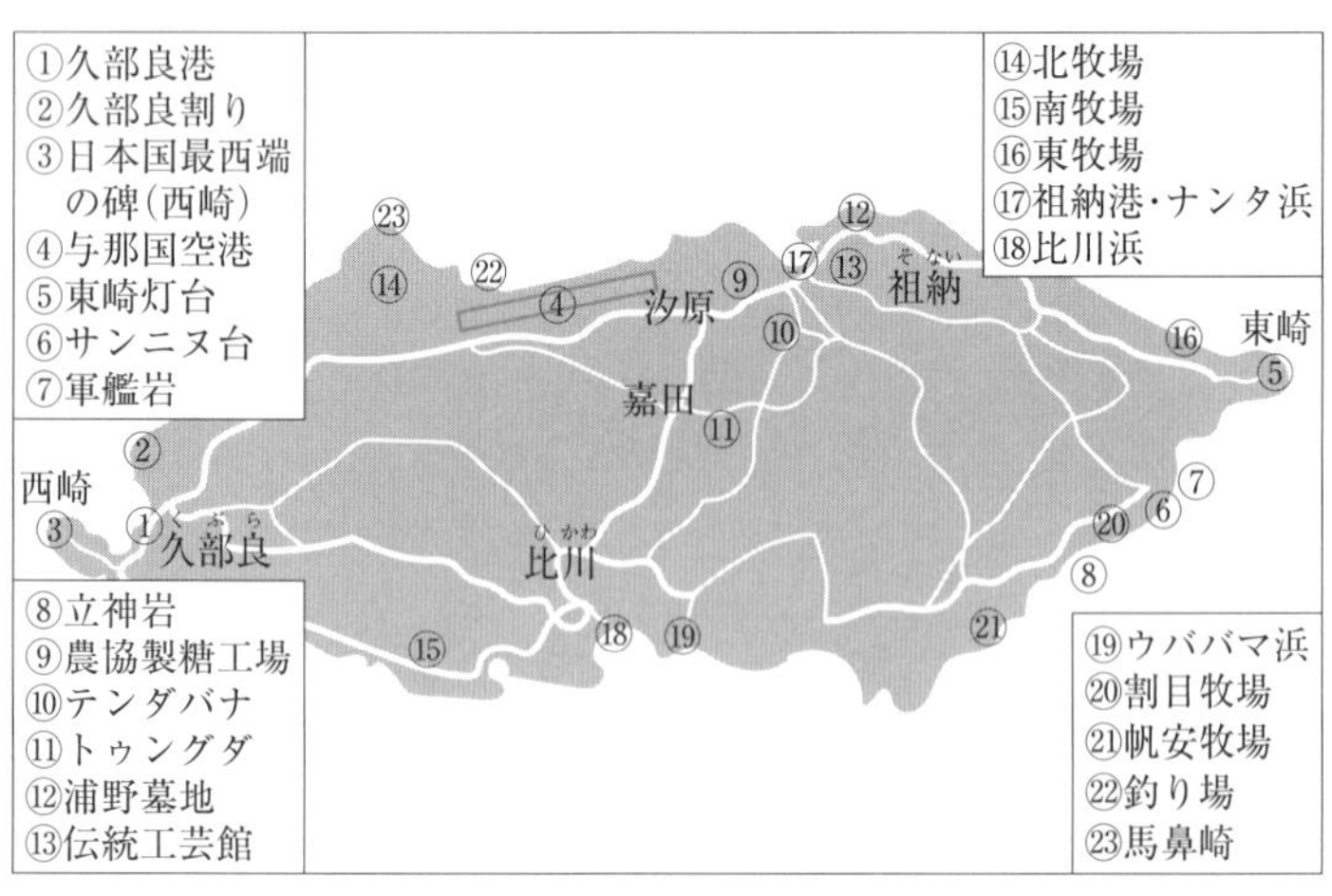

与那国島

「○×△□」に電話をして予約を入れたのだった。

民宿の車は五時に船着場にやって来て、それに乗って宿のある祖納集落に向かった。

十分後、宿に着く。そこには先行していた自転車の男が居、のちに積み荷下ろしが終わってからやって来た、バイクの男も加わった。結局、船に乗っていた観光客八人のうち、西崎方面に歩いて行った二人を除いた六人が、その民宿に泊まることになった。

民宿には私はいつも一つの楽しみを、あるいは期待を持って宿泊している。それは料理だ。特に離島に於いては。かつて訪れた粟島（新潟県）でも、奥尻島（北海道）でも、それなりに満足できる料理（夕食）が出た。対馬（長崎県）だってそうだった。だからここでも離島ならではの海の幸を……。

しかしこの民宿の夕食は、ほとんどユースホステルのそれと変わりなかった。民宿自体もユースを念頭にしてのやり方だった。

料金もユースに合わせているようだった。しかしユースよりは高い、二食付きで三千三百円だった。ただ島内の他の民宿より二百円安いので、その安さに誘われて――この島にユースはない――、多くの若い旅行者がここに泊まることになる。

たった二百円の差なら、もっといい夕食が出るのなら、そちらの民宿を選ぶ。三千三百円と三千五百円なら、大した違いはないから。それで私は、その夕食を目にして、ここでの長期宿泊をやめた。この島には六泊するので、とてもすべての日を、この宿で過ごす気はなくなった。二泊して宿換えをすることにした。明日もう一泊するが、その間に新しい宿を探すことにする。マァ見つかればいいが……。

与那国島見物

翌朝、七時過ぎに起床し、朝食のあと、八時半少し前に宿を出る。今日の予定はこの祖納を出て、空港前を通って、昨日着いた久部良港へと向かう。とにかく歩いて、この島を堪能するつもりだ。

六分後、郵便局へ入り、切手を購入する。

五分後に同局を出て、田原川を渡って祖納の村中を離れる。十分後、「農協製糖工場」前に出る。

与那国町農協製糖工場、入口辺

与那国空港、建物

久部良割り

同上

その入口辺の写真を撮り、さらに十五分程歩いた、九時十分、与那国空港に着く。

人は居ないがロビーには入れる。そこの椅子に坐って、暫し休息する。

十三分後、そこを出て、一本道を西へ、港へと向かう。

一㎞程歩くと（九時四十分）、舗道が切れる。その後は砂利道。

十時十三分、久部良港の近くで、右に折れる。折れて少し行った処にあった店屋で、野菜ジュースを飲む（百円）。喉がカラカラだったし、足も疲れていた。宿を出て、一時間五十分程経っていた。

ここまでの距離、七㎞程なので散歩にはちょうど良いのだが、とにかく強い日射しは倍、疲れさせた。

ハーフ丈のジーパンで歩いているので、ふくらはぎや腿はそれだけの距離でも赤く灼けていた。

店屋を出て、海辺に行き観光箇所の「久部良割り」を見る。そこに二十分程居て、次に船着場へと向かう。

十一時十分、昨日着いた埠頭に立つ。まだ、乗って来た船の「よなくに」はそこに停泊している。

同二十三分、埠頭を離れ、西崎灯台・西崎展望台へと向かう。そこは港からすぐそこに見える。

十一時三十六分、「日本国最西端之地」の記念碑がある。この島にはその地点に立ちたかったから来たようなものだ――かつて最北の地「宗谷岬」、及び最北の島「礼文島」も、そうである

「日本国最西端之地」の碑

ことから訪れていた。最東端の根室「納沙布(ノサップ)岬」もまた。

　屋根のある展望所に入って、そこにあるベンチに横になる。気持ちいい風が吹き抜ける。

　一時間二十分程、その展望所で休んでいる。とにかく日はカンカン照りで、すぐには動き出したくなかったからだ。八月下旬だが、沖縄の台湾に近い島は、まだ真夏である。

　午後一時少し前に、その展望所を出る。

　十二分後、西崎から久部良村の三叉路に出て、先程来た祖納方向とは違う、比川へと向かう道を択る。

　追い抜いて行く車も、向こうから来る車もない――当然、歩く者など居ない。ただ一台、郵便配達のバイクが走り去ったのみだ。

　二十分程歩くと、左手の田んぼの中に十二羽の白鷺が羽を休めていた。こんな処にそのような島が居ようとは思わなかった。彼等の巣も当然、この島のどこかにあるのだろう。道にカエルがペシャンコになって、ミイラ化している。トカゲも時折、道を横切る。

さらに十五分程歩いて、比川に入る二十分程前、同宿の三人グループがそれぞれレンタルバイクとレンタサイクルで向こうからやって来るのに出遭う。

彼等（学生）は今夜から、「キャンプを張る」と言う。高校時代からの友達であるとのこと。それぞれ大き目のリュックを背負ってやって来ていた。

午後二時に比川村に着き、そこから一～二分歩いて、その海辺に行き、そこに十分程居る。そしてその後、島を北へと縦断する道を歩む。今日はそれで予定を終了し、祖納の宿へと戻って行く。もうこれ以上、暑い日射しの中を歩くのはできなかった。

比川の浜を出て四十五分後、祖納と久部良への岐れ道（汐原）に達する。右へ折れて、祖納へと向かう。初日としては納得のゆく行動だった。島の西半分を歩いたことになる。

三時四十五分に帰宿し、二十分後再び外出する。宿から歩いて二分の処にある、「工芸館」を見物する。

また、やはり宿から四分程の処にある、「浦野墓地」にも行く。沖縄の墓地は本土のそれとは違って、そこを一時間程見物している。見物というか、ただ時を送ったということだ。墓自体が広く大きいのが特徴で（亀甲墓）、内地の者には興味深く、それも可能だった。

五時半過ぎに帰宿する。あとは夕食を待つのみだ。そして夕食……。

それは昨日と殆ど同じ内容だった。ユースホステルと違うのは、「刺身」が四～五切れ、そのメインの皿に載っている位だ。民宿としてもちょっと貧弱な内容なのだが、やはり与那国島は沖縄にあっても遠い島なので、こういうものなのか、と考えてしまう。昨日の夕食を見て、宿換えすべく、先程、この宿の近くに、次の宿を見つけていた。明朝に宿換えするつもりでいる。

与那国島、三日目

この宿にチェックインする時、「二泊します」と伝えてあったので、明朝出ることに、何の問題もなかった。

夕食同様、朝食もひどく貧しい内容だったので、二泊以上続けて泊まる気はなかった。

そして次の日、前日の朝と同じような貧しい朝食を摂ると、二日分の宿代（六千六百円）を支払って、すぐ近くにある別の民宿に移った。ここでは「素泊まり」にしたので、食事に対する不満は起こらない。ただ風呂とトイレがそれなりに綺麗というか、使い易ければいいと思う。

八時半には宿換えを済まし——そんな時刻だが、チェックインできた——、その五分後には動き出す。今日は島の東半分を見物に行く。

祖納から東崎（あがりざき）を目指す。中心から数分も歩くともう家並みは途切れ、一面サトウキビ畑となる。その中に一本、東に向かって道が延びている。そこをただ進めばいい。

二十数分後、サンニヌ台へとの岐れ道に達する。東崎は左に折れて行く。

ずっと暑い陽光を浴びている。私は今日、普通のジーパンを（短パンではない）穿いている。これ以上ふくらはぎや腿を灼きたくはなかった。今でも全く軽度のヤケド症状を、それら脚は呈していたからだ。昨夜はそこが熱くて、なかなか眠ることはできなかった。

そして長いジーパンを穿いてきて正解だった。今日もサンサンと太陽は輝やいていたのだから。

東崎灯台

東崎には岐れ道から約三十分後（九時三十六分）に着いた。展望台や灯台が視認できてからが遠かったが……。

私はそこに着くと、まず屋根のある展望台に行き、昨日の西崎同様、ベンチに倒れ込んだ。一時間の徒歩行は身体をヘトヘトにした。私は何度もかつて暑い日射しの中を歩かされた、スーダンでの徒歩行を思い出していた。その距離の長さ、周りに見える光景は全く違っていたが、その暑さという点に於いて、似ているように……。

強い風が展望台に吹きつけていて、気持ち良かった。予定をオーバーして、一時間二十分程もそこで憩んでいた。私の他に先客が一人居たが、彼も二十分後には居なくなり、あとは私一人だった。

十時五十五分、展望台（灯台辺）を出て、来た道を途中まで引き返す。そして先程の岐れ道から、サンニヌ台へと進む。これが私のやり方とは言え、歩くことのみを優先する。あるいは日射病で倒れるのでは……と思いながらも、「これ位は大丈夫」と言いきかせながら歩く。

二十五分後、壮絶な自然の力強さを感じさ

サンニヌ台から望む軍艦岩

せられる、「サンニヌ台」を望む、その岩台地・断崖（の展望所）に立つ。また、すぐそこに「軍艦岩」も海中に立つ。豪快・勇壮な景色である。しかしここにも私以外には居ない。

役場で貰ったパンフレットには、ここより南に行くと、やはり海中に立つ「立神岩」があることになっている。それらを観るべく、一旦、内側（意識しないままに、割目牧場内に入っている）に戻る。そして改めて南へと道を進む——「立神岩」には、伝説がある。〃昔、若者がこの岩の上に、鳥の卵を取りに行って、岩から降りることができずにいると、神様に助けてもらい、気がつくと村に戻っていた〃という。

南へと歩を進めるが、しかし海側の崖沿いに、途中から途切れることのない鉄条網が張りめぐらされていて——つまり「立神岩」を見る場所へとは下りられなかった——、とうとうその道の行き止まり——その先に歩ける道はなかった——にまで達してしまった。

こんなものだよ、いくら観光に力を入れていっている、といっても実際に観光客となったことのない人のやることは……。

大体、標示板が少なさ過ぎる。少ない処に持って来て、そのある標示板の位置が悪かったり、草木に隠れてしまったりで、見落とす場合が多い。本当に観光に力を入れるのなら、もっと違った対応も出来ると思うのだが……。

あまり気乗りのしない、それならばこんな程度だろうと思える。何もしなくても、客は来るという思いが彼等の中にあるのかも知れない。それならそれでいいと思う。ただそうならば、観光パンフレットなどというものも必要ない。

行き止まりから、来た道を引き返すのも馬鹿らしく、その牧場を海とは逆方向に横切って、一本向こうの道に出る。そこを左に行けば、いずれは比川方面に至る。右に行けば、東崎への岐れ道に出る。

私は暫し迷ったが、結局左へ進むことにする。そちらへ回った方が、より納得できるのではないかと思える。

しかしひどく暑く、日蔭になるものは東崎展望台を発ってからはどこにもない。どんな蔭でもいいから欲しかったが……。

とそんな時、道路工事現場があり、その事務所のプレハブがあった。工事の人たちは一人も居らず、そのオフィスにも居ない。

私はそのプレハブに入り、日蔭を得た。無断で入ったのは心苦しかったが、日射しを、その暑さから逃れたくて……。そこにある椅子を借りて坐り、憩（やす）んだ。

昼の零時四十一分から、三十分程そこで休んだ。その間、工事関係者は誰も戻って来なかった。身体自体はもっと休息を欲したが、一時十一分にそのプレハブを出た。いつまでもそこに居ることはできなかったからだ。

再び暑い日射しの中、歩く。そして三十分後、いい具合に比較的大きな木があり、その樹葉蔭に休むことができた。そこの大地に腰を降ろして。

十分程休んで歩き出す。そして二十分後、三叉路にぶつかる。そこを右方向に行けば、比川へと向かう——左方向へ行けば、ウババマ浜に至るようだ。

その三叉路を比川に向けて進むと、すぐに新たな葉蔭があり、そこでまた休む。ここまで一台の車とも遭わず、勿論歩く人間とも会っていない。

しかしその葉蔭で休息していると、数台のトラックやジープが私の坐る傍らを通り過ぎて行った。その度、その車が巻き上げる粉塵を避ける為に、持っているパンフレットで顔を覆った。

十分後、その葉蔭を発ち、その五分後、右折して行けばテンダバナ方面へと至る岐れ道に達する。しかしそちらへは行かず、もう一つの道、比川集落へと。

五分後に昨日歩いた比川線の本道に出た。あとは左方向へ行けば比川に達する。そこから右へ向かえば、祖納へと通じている。

私は左へ行く。それはただただ、昨日入って清涼飲料水を飲んだ、比川集落のその店に行きたくて。とにかく喉が乾いていた。祖納へ行くより、はるかに近い。

十分後、その店屋で冷えたコーラ（百円）を飲む。それがノドを通り、胃に達すると、一気にここまでの疲れが溶けてゆくように感じられる。

しかしやはりその後の成り行きを考えたら、あの時、道を右に取っておくべきだった。それは店屋を出てから再び上り坂が続き、そんな道を一時間程も歩かなければならなかったからだ。

道路は陽光で灼けていたし、照り返しも激しく、先程補給した水分(コーラ)は、その間に瞬く間に蒸(き)え

祖納。島に一つある信号と「沖縄旅行社」（左の建物）

ていたのだから。

店屋を出て約四十五分後、久部良への三叉路（T字路）に着き、私は祖納への道を進む。

そして十五分後、祖納にある「沖縄旅行社」に入る。石垣島への航空券を買う。

本来なら（当初の予定では）、同島への戻りも船を利用するつもりだったのだが、こちらが考えていた日には船は出ないと言う。何しろ私がこの島へと乗って来た船は、ずっとあれから久部良港に碇泊したままなのだ。そして「出港予定」は明日ということであり、私はまだ明日にはこの島を去る気はなかったからだ。

次の船便はさらに一週間後になるというので、とてもそれまでは滞在してはいられず、仕方なく空路で戻ることにしたのだった。その代金は五千六百二十円で、船より約三千円程高いが、それは得心することにする。

十分程でその購入は済み、同旅行社を出て二分後の、午後四時には宿に戻っている。そして部屋に入る。

昨日までの民宿よりは部屋も良かった——朝の宿換え時には、チェックインはまだ出来ず、荷物（リュック）だけを預けて、見物に出掛けていた——そして、風呂もトイレも綺麗だった。宿換えはベターな選択だった（素泊まりで千五百円）。

改めて三日目のこと、日記より

与那国島、三日目のことを改めて、日記より（八月二十八日＝金＝、午後八時三十三分より記入）

宿換えをした。換えた当初は勿論、前の処より良いのか悪いのか分からなかったが、とにかく素泊まりできる宿に移りたかったので。昨日までの宿の食事が悪過ぎた。このことは昨日のここにも書いたことだが。

朝八時半にはそこを出て、歩いて一分もかからぬ処にある別の民宿（「やよい」）に来た。しかしまだお客さんが居るということで、荷物だけを預けて、見物に出掛けた。

昨日は島の西側を見物したので、今日は東半分を、とそちらを目指して歩いた。しかし今日もとても強い日射しがあった。日蔭になる処がないと、顔が灼かれる。

たぶん普通の人ならこんな日照りの中を歩いたら、間違いなく日射病にやられてしまうだろうと思う。そんな中をガンガン歩いて行くのだから。それも一時間とか二時間とかを。

まず東崎灯台・展望台に向かう。祖納からは四㎞程なので、一時間程だった。しかしその灯台が見えてからが遠かった。視認してから二十数分歩いたのではないか。途中、与那国馬が放牧されていて（東牧場）、この馬もこの島での観光の一つだったので、それが見られて満足をする。

ただ、その道はいくらか上り道だったので、そこの展望台に着いた時には、その暑さもあって倒れ込んだ。昨日の西崎展望所（台）に辿り着いた時と同じだった。

しかしこの両所には、それぞれに比較的広いスペースの休憩所（屋根のある東屋）があるので良かった。

時期外れということもあるのか、先客は一人だけで休憩スペースは空いていた。石製の椅子に横になることができた。石ゆえにそれは背中にヒンヤリ当たって、気持ち良かった。

約一時間、歩き続けた疲れを癒す為に、暫し横たわっている。日射しは強いのだが、いい具合に風も吹き抜けていて、臥する身には気持ち良かった。これでもし「風」がなかったら、まるで「砂漠」と同じだ。

一時間以上、そこで憩(やす)んでいる。そして十一時少し前にそこを出て、来た道を途中まで戻り、サンニヌ台へと向かった。

そこまでは長い道のりだった。歩いている者など一人も居ない。追い抜く車もマレである。やはり東崎展望台を出て一時間近く経って、そこに辿り着く。そこには全く建物はなく、日射しを避けるものはなかった。観光客としてはどんなものでもいいから、日を避ける建物が欲しいと思った。どんな小屋であったとしても。

確かに車で来る者には小屋など不要かも知れないけれど……。従ってその「サンニヌ台（軍艦岩が望める）」には十分程だけいて、そこを離れた。

そこからいくらか南にあると、この島でもらったリーフレットの地図では示されている「立神岩」に向かったが、行けども行けども、そこへの降り口は見つけられなかった。それどころか鉄条網が途切れることなく張りめぐらされていて……。

これでは何の為の観光案内（リーフレット）なのか。こういった処がちょっと不可解に思うのだが……。観光に力を入れているのだろうが、自分が観光客となったことがない人には、このようなミスをしてしまうように思われる。

結局「立神岩」を見降せる処には辿り着けず、行き止まりまで行ってしまう。その後は牧場を横切って、別の道に出て、そこからも迷ったが、比川を目指して長い距離を歩き出した。強い日射しでフラフラだったが、ちょうどいい具合に工事のプレハブ事務所があって、そこで三十分程——誰も居なかったので、勝手にそこにある椅子に坐らせてもらって——、休憩することができた。

その後は比川に出て、昨日同様、祖納に戻って来た。今日も二十㎞は歩いたように思われる。（八時四十九分）

※のちに考えると「立神岩」に近付けなかったのは――四十頁とこの日記に、沖縄の人を非難するようなことを書いたが――、そこに近付く崖が切り立っていて、危険だったからとも思うようになった。鉄条網も牧場で飼われていた馬の落下防止の為のものだったのだろう。そしてそれは、もしかしたら、観光客の落下防止に役立っていたのかも知れない。

与那国島、四日目

残っていた見物箇所の「テンダバナ展望

「テンダバナ展望台」より、祖納集落と祖納港方面を望む

台」へ行く。今日はここと、そこより南にある「トゥングダ」を見れば終わりだった。素泊まりなので、朝食の時間を気にすることもなく、それまでの二日間より二時間近く遅く動き出した。それでも誰かに文句を言われることもない。

この朝九時半、民宿を出て、そして途中、店屋に寄って、朝食用のパンとジュースを買って、「テンダバナ」へと向かう。

集落を南方向に進み、島仲橋を渡って、十数分でその展望台に着く。祖納地区とその港が、眼下に望める。但し、この日は陽もあまり射すこともなく、風も強い。

海上は波高く、台風が近付いていることを思わせた。その展望台に四十分近く居る。そこで朝食――宿近くの店屋で買ったパンとジュースで――をしている。

展望台を出ると、道をさらに南に択る。

三十数分後、「トゥングダ(人舛田)」辺りに至る。そこには役場の人も言っていたように、何の標示板もない。従って、他そ者には分からない。地元の人が居て、訊かなければどこがそれなのか……。

簡単な地図のみしか持っていない。しかしそれを片手にして歩く。そして、そこへの岐れ道と思われる処で地元の人と会った。

「トゥングダはどこですか?」

と問うと、その方向を指差した。それでその指差された方へと歩いて行く。

「トゥングダ」と思われる場所。サトウキビ畑

しかし、当のそれは分からない。民家がある。そこで畑に水をやっている婦人が居たので、再び尋ねる。

「このサトウキビ畑の向こう側がそうだ」と。すべて同じような畑であるので、私にはどれがそうなのか分からない。ただ、たぶん『ここだろう』という処を目に収めて、そこを離れた。どちらかと言えば「負」の記憶物（十七世紀、重い人頭税に悩まされていたこの島で、人――男性――減らしの為に使った田）である、今はそのサトウキビ畑では、標示板を立てられないのかも知れない。

トゥングダ辺を出て五分後、一昨日も昨日も歩いた、この島のほぼ中央を南北に延びる比川―汐原線を、今回は「嘉田十字路」で横切る（十一時半）。そして西へと向かう。島中央部を西へ延びる道があるからだ。そこを進めば行きつく先は、空港先端部付近の、久部良方面へ向かう道路である。

私は次の目的地を空港裏の海辺と決めた。パンフレットでは「釣り場」となっている。たぶん人間の通る道もあるだろう。

ところが空港脇を行く道は、途中で鉄柵によって遮ぎられている。私はそれでもその横の、低い石垣を越えて、海辺へと進んで行った。

今日は日射しは厚い雲に遮ぎられて、殆どない。射し込まない。それで海辺に出ると上半身を裸にする。こんな天候の時が身体を灼くのには最適だった。昼零時二十五分である（ここまで来る途中で、路端で十五分程小休止している）。

風も強く、浜風は気持ち良い。ここには今、私以外誰も居ない。海辺そばにある牧場の枯草の上で横臥する。

一時間後、急に暗雲が垂れ込めて、ポツポツと小雨が降り出す。私は立ち上がって戻ろうとする。しかし雨雲は風に流され、再び晴れる。

場所を変えて、雨になったとしても、濡れの少ない処でまた横になる。下半身は灼けて肌がヒリヒリするが、上半身はまだ全く灼けていない。ただ半袖シャツから出ている腕のみが真っ黒だ。少しでもその濃淡をなくす為に、上半身も灼きたかった。そこにさらに一時間程居た。

午後二時四十分、再び小雨が降り出した中を——今回は空を見て、暫く止みそうもなく思われて――、動き出す。帰り道を急ぐ。しかし雨は強くなり、その北牧場に放置されていた廃車の運転台に入って雨宿りをする。

十数分後、小降りになった処でその車を出て、空港前の、この島のメインロードに戻った。小雨は降り続いていたが、空港の建物まで、『この小雨のままで』、と願いながら歩いた。

しかし道を歩くこちらを見た一台のガソリンを運ぶ普通トラックが、後方から来て止まってくれた。その車は祖納方面へ行くというので乗せてもらう（三時二分）。

車なら四分後には祖納に至り、そこにあるガソリンスタンドに着く。お礼を言って、下車する。すぐ近くにある食堂に入り、遅い昼食を摂る。沖縄そば、三百円である。

十五分程で食べ終え、宿への戻り道にあるスーパーで、夕食用の「カップヌードル」と「トマトジュース」等を購入して、三時半に民宿に戻る。雨は止みそうにないので、夕食に外に出るのも面倒なので、それらの買物をしたのだ。この宿では「素泊まり」なので、食事は自分で調達しなければならない。それはそれで気楽でいいのだが。

宿の人の話では、台風が来ている、という。

「船も飛行機も欠航した」

と。いよいよ最悪の事態に巻き込まれる可能性が出て来た。この島を発つまであと二日あるが、もしかしたら台風の影響で、それよりも長くこの島に居なければならなくなるかも知れない。下手をすると、一週間近く動けなくなる惧れもある。

予定ではこの与那国の次に、波照間島へと考えていたのだが、ここでの停滞が続けば、日程的にそこへは行けなくなるかも知れない。これからまだいくつかの島に行く予定なので、ここで予定が狂えば、すべての島を巡ることはできないだろう。

とにかく天候の回復を願うばかりだ。台風が来れば正しく〝陸の孤島〟となるということを痛感する。

明日でも明後日でもいい、船か飛行機が出れば石垣島に戻ろうと思っている。そこに戻らなければ、八重山諸島のどの島へも行けない。

午後六時三十分、今外は暴風雨だ。そして雷が鳴った。

与那国島、五日目

八月三十日、日曜日である。

一昨日、石垣島への航空券を「沖縄旅行社」で購入している。船便が出なかったりした時の為に。

そして昨日、午後から雨になり、暴風雨になり、空路も海路も欠航になっていた。確かに誰が考えても、どちらも運航できる天候ではなかった。

宿（民宿「やよい」）から歩いて一分もかからぬ処にある「スーパーマーケット」内に、「沖縄旅行社」が入り、また船会社の「福山海運」も入っている。その二社の窓口は隣接し、並んでいる。その「沖縄旅行社」で石垣への航空券を購入している（五千六百二十円）。

そして今日午前九時少し前にそのスーパーに入り、双方の窓口に行き、運航の確認をする。どちらも「欠航」という返事だった。

今日は雨降りではなかったが、やはり台風の影響もあって、「欠航」とのこと。仕方ない。安全を考えてのことのようだ。

私は購入している航空券を手にして迷っていた。それの出発日は明後日（九月一日）。しかし、もし船が明日に出るのなら――「福山海運」の人は、「明日出る予定」と言う――、それで行った方がいいのではないかと。一日遅れて、再び台風に見舞われないとも限らなかったからだ。良い天気が三日も続くとは誰も保証しない。

今日私は殆ど何もせずに休養した。昨日までの四日間で、旅行者としての見物は一通りしたし、身体を灼くのにも長い時間は要しなかった。

午前中、「福山海運」へ行ったあと宿に戻ってからは（一応個室なので）、部屋で過ごし、午後四時半近くまで七時間以上も本を読んだりして過ごし、それから夕食の食料買いもかねて、今日二回目の外出をした。

歩いて三分程の処にある、祖納港に隣接する波多浜（ナンタ）へ行き、そこでも二時間程（六時半まで）を、本を読んで過ごした。

そして戻り道にスーパーに寄って、今日もカップヌードル（百五十円）を、そして魚の缶詰（百円）と缶ビール（二百二十円）を買って帰宿する。それらを夕食として飲食し、この日を終えた。

寝床に就いても（午後九時半少し過ぎ）、明日のことがやはり気になり、すぐには寝つけなかった。こんなことが脳裡をめぐって……。


明朝改めて「福山海運」の事務所へ行き、船の運航を訊くことで行動が決まる。もしその船がある場合には、それはちょっと忙しくなる。航空券をキャンセルしなければならないし、宿に戻って荷物の整理をしなければならないし……。

それにできることなら、宿の人に船の出る久部良港まで送ってもらいたいと思うのだが、どうしたものか……。そうなった時のことを考えたら、今夜のうちに宿の人にそのことを頼んでおかねばならないだろう。

この島での大方の予定（観光）は済んでいるので、いつ離れてもいいのだが。すべて明日のその船の有無如何である。船会社の話では、出るということだったが。

石垣島に戻れば、あとは波照間島が残るだけだ。いつの旅行でもそうだが、すべてが予定通りゆくなんてことはないので、やはりこれまで通り、流れに任せてゆく以外ないだろう。

石垣島へ、そして波照間島へ

翌、八月三十一日、船は出ると聞いて、空路で戻ることをやめる。航空券の出発日は明日（九月一日）で、果たしてその日にフライトがあるかどうかは確定していなかったので、その券のキャンセル料と手数料（それぞれ千円と四百円）を支払っても――このことは購入した時に、質問して、伝えられていた――、今日この島を離れられる方を選んだ。何しろ今回のこの旅行は始まったばかりだし、故にこれから訪れなければならない島がいくつも控えているので、なるべくなら予定通りに進ませたいと……。一つの島に長く居ることは避けたかった――といっても、航空券を買ったのは、この旅行社でだったが、キャンセルの扱い、払い戻しはこの島ではできない、と言う。石垣島にある同旅行社で、「するように」と言われ、納得はできなかったが、そうする以外なかった。

八時十分、「福山海運」で船の出ることを確認すると、すぐに宿に戻り、荷物を整えて、八時二十二分には宿を出る。

しかしすでに久部良港方面行きの乗合バスは発ったあとだった。出港時刻の九時までには四十分弱しかなく、歩いていたら間に合わない。

本道に出ると、ヒッチハイクを試みる以外ない。数台の車が通り過ぎてゆく。しかしこの時ばかりは待つ以外ない。

五分程待ったか、軽トラックが止まってくれる。ホッとする。

車なら乗ってしまえば、七分で同港に着く（八時三十六分）。定刻の九時には充分間に合った。お礼を言って下車する。そこには石垣島へ向かう船、「よなくに」が碇泊していた。

乗船開始は八時五十分頃。待っていた乗船客が乗り込んで行く（巻末資料2－B）。五日前に石垣島からこの島に来た者すべてが乗り込んでいる。他にもそれ以前からの旅行者、あるいは空路で来た者も乗り込んでいるようだ。ずい分、来る時よりかは多くの乗船客が居た。これもすべて二日間、船や航空便も運航されなかったことからの影響だった。

船は定刻より四十分近く遅れて（九時三十六

久部良港を望む

分)、出港した。しかし遅れても、出港してくれてホッとする。順調にゆけば、七時間後には石垣島に辿り着く。そうすれば、次の行動にかかれば良い。

来る時よりもいくらか揺れを感じながらも、午後四時半過ぎには、予定通り石垣島の船着場に着いた。

下船するとすぐに「沖縄旅行社」へ行く。港から歩いて五分程の処にある。そして持っている航空券の払い戻しをする(巻末資料3)。三日前に購入した額より千四百円も少なかったが、マァそれは得心していたので仕方ない。確実にこの島に戻れたことの方が大きい。

今日は前回に宿泊したユースホステルと異なるユース、「八洲旅館」に泊まる。料金は素泊まりで、以前の「石垣氏邸」と同じ千六百円なので、こちらにする。

五時少し前に、その宿に入り、料金を払って部屋に案内される。こちらの宿の方があまり規則というか、面倒なことがないようなので落ち着けそうだ。

一時間後、外出する。夕食も兼ねてだが、明日行こうと思う、波照間島への船便をチェックする為に。

離島への埠頭にある「波照間海運」のオフィスに入る。与那国島からの戻りが一日早くなった分、波照間へ行くのも一日早くなった。明日そこ行きの船は、「ある」と言う。もし今日、与那国から石垣に戻って来れていなかったら、予定は狂っていただろう。何しろ波照間島への船便は週三回、火木土曜にしかなかったのだから。今日八月三十一日は、月曜なので……。

もし明日にこの石垣に戻っていたら、九月三日の木曜まで待たなければならなかった。いい具合に、明日九月一日の便で行ければ有難い。

というのも、通常なら次の出航はその木曜の三日なのだが、沖縄は九月五日から三日間、〝旧盆〟に入るため、三日の次の便は五日土曜日ではなく、八日火曜日まで無くなるからだ。

私は波照間島には五日（四泊）居るつもりだったのだが、もし三日の便で訪れたのならば、一泊後の四日（金）か——波照間島からの戻り便はその翌日の、水金日曜なのだった——、それとも六泊後の九日（水）しか、戻りの便はなかったのだ。

従って、九月一日の便に乗れたということは、当初の予定の五日間は滞在できないが、むしろ少ない方に一日つまった、九月四日に石垣島に戻ることができるのだった。三泊はできるので、いいと思う。むしろ幸運なことだったかも知れない。

波照間島見物

九月一日、火曜日。

八時少し過ぎに宿を出て、歩いて七分、離島埠頭に着く。船の発予定時刻は九時だ。

ターミナル内にある売店で、朝食の「おにぎり」を買い、それを食べて過ごす。

そして波照間海運の窓口へ行って、同島までの船切符を購入する。帰りも船を利用するので、往復のそれを求める。三千四百二十円。

「第八新栄丸」は定時より四分遅れの九時四分に埠頭を離れた。この位の遅れは沖縄では〝遅れ〟ではないだろう。

与那国島へ向かう時には、出航後、竹富島、小浜島、西表島を左側に見て進んで行ったが、波照間島への航路では、竹富島は左手に見えこそすれ、小浜島と西表島は、右側に置いて進んで行った。

そして今少し時間が経つと黒島の島影が、左手に大きく浮かんで来た。

船は海中に立つ赤と緑の棒標識の間を、そして時にはその外側を進んで行った。

三時間二十分後（午後零時二十五分）、船は波照間島の港に着いた。

港には民宿の車が数台あったが、私の目指す宿の名の書かれた車はなかった（昨日、石

①波照間港
②波照間島灯台
③日本最南端の碑
④浜シタン群落
⑤製糖工場
⑥役場出張所
⑦波照間空港
⑧シムスケー（下り古井戸）
⑨ぶりぶち浜（ブドゥマリ浜）
⑩コート盛
⑪学童慰霊碑
⑫ニシ浜

波照間島

垣島の船着場の公衆電話から、その民宿に予約の連絡をしていた）。

迷わず歩き出す。予約の電話時に訊いていた、

「港から歩いて十数分」

ということを信じて。たぶん迷う程、道は複雑ではないだろう。小さな島の船着場なのだから。

港を出て島中心部の方へ歩いて行く。いくつもの車がそちらへと走って行く方向へ。

そして数分歩くと、こちらの予約した民宿の名を記した車とすれ違う。しかし別に呼び止めることはしない。

道は港から真っ直ぐ方向と、左手に折れるそれとがある。しかしどの車も左手方向へ行く。私もそちらへと。

ゆるい登り坂だ。陽光は強い。しかしこのことにはすでに慣れている。問題はない。

後方から港に止まっていた民宿の車が、一台二台と追い抜いて行く。そしてやがて私の泊まろうとする、先程すれ違った民宿の車も。

港から十五分程歩いて（名石地区）、脇道にそれる。先程私を追い抜いて行った、私の泊まる民宿の名を記した車が、そこに止まっていたからだ。そして車から降りた女性に、

「昨日、電話で予約した者です」

と告げた。民宿「みのる」はそこからすぐの処にあった。

新しい土地に来て、そして数日、そこに滞在する場合、その土地の印象を左右するものに、「宿」

がある。宿の良し悪しが、その土地全体の印象を決してしまう。

与那国島で最初泊まった宿は、あまり良くなかった。何も知らずに行く者にとって、宿は宝くじのようなものだ。いいものにあたればそれはラッキーだし、そうでなければ……。

波照間島の宿は、良かった。当初、与那国と同じように「素泊まり」のつもりだったが、宿周辺に、歩いて来た道すがらに、食堂がなかったことを知って――この島自体に食堂は少なかった――、食事付きで泊まることにした。朝食・夕食の二食付きで三千円という値も決め手となった。

三十分程して、宿を出て、早速島内見物に動き出す（午後一時十二分）。まずは、何はともあれ、「最南端の地」へと向かう。地図を見ながら、南方向へと歩いて行く。

しかし、そこへの道は初めての者には分かりづらい。小さな赤い看板、「最南端⇩」が数カ所に立っているが、それは注意して見ないと、見落としてしまうような看板であって……。

もし本当に観光客の受け入れに熱心であれば、最低でもその「道しるべ」（標示板）はもっと見易く、目立つ処に立てておかなければならないと思う。今のそれでは、見落としてしまう可能性が高い。

もし本当に観光客を熱心に受け入れようと思うのなら、最低でもその「道しるべ」は、より完全なものにしなければならないと思う。何しろこの島に来る旅行者の一番の目的は、その「最南端」に行くことにあったのだから。

「灯台」前の道（この島の灯台は、島の中央部にある）を、その灯台を右側に見ながら進む。

島の中央部にある「灯台」

　そして十分程で、右手へ行く小道に折れる。すぐに交叉路（十字路）にぶつかる。ここを右折するのが正解の道順なのだが、そこには何の「道しるべ」もない。

　当然に真っ直ぐに進む。二十分、いや三十分近く歩いて、道は無くなる（＝行き止まり）。すなわち間違った道を歩いて来たのだ。私と同様に、数分後に自転車に乗る旅行者が、こちらの「行き止まり」へとやって来た。

　初めての者は、誰でもがこの道を進んでしまうだろう。

　私たちは来た道を戻り、先程の交叉路に出る。そこを左折する。すると数分して、左手に曲がる道がある。そこには、「最南端⇩」と書かれた例の「道しるべ」がある。なぜ先程の交叉路にはその「道しるべ」はなかったのか。不思議なことだ。

日本最南端の碑

「最南端の碑」はそこから十五分程の処にあった。勿論すぐ向こうは東シナ海である。この沖縄旅行の主目的の二つ目を済ました。あとはそれなりに島内を見て回ればいい。自転車で来た人、Kさんと暫く一緒に居る。

彼はこの沖縄に、台湾から入って来ていた。その前は香港であり、その前はタイ、そしてインド、ネパール、中国と――そして、アメリカでも働いていたと。そのルートは私の興味をそそった。ここでは自転車と徒歩ではあったけれど、私たちはけっこう多くのことを歩きながら話した。久しぶりに外国の情報を耳にして、その会話は楽しかった。その彼とはこの波照間島を出る日も一緒ということが分かり、さらに多くのことを（宿も一緒だった）話すことになった。

島の一周道路に出ると、私たちは左周りに

行くことは一致したが、そこで別れた。彼は自転車でどんどん進んで行くことができたから。私はいつものように歩いて行く。

とにかく歩く。一日＝二十㎞は歩いているのではないかと思う。これ位の広さの島なら、歩くのが一番いい。

一周道路の西の端(コーナー)まで四十数分で着く。途中の道の両側はサトウキビ畑だ。暑い陽光は避けようもなかったけれど……。

さらに十分程、「浜シタン」への岐れ道（十字路）、そこを左折し、浜辺へと出る。しかしどれが「浜シタンの群生」なのか、無学な私には認めることができない。岐れ道際には「道しるべ」はあったが、そこ以外にはその群生地そのものを示す看板はなかった（浜シタンとは、海岸の隆起サンゴ礁に根を張り、白い花を咲かせる植物。たぶん私はその前を通ったのだが、白い花を見ることがなかったので……）。

浜辺には五分程居て、一周道路に戻り（五時四十三分）、その十字路を左へと道を取り、製糖工場前を通過する（同五十五分）。

そして五時間半程前に、船着場・波照間港から歩いて上って来た時に交差していた道に出、そこを右折し、宿へと戻って行った。六時十分、寄宿する。波照間島での一日目が終わる。

波照間島、二日目

昨夜の夕食は七時過ぎからだった。宿代に二食が付いているので、与那国島や石垣島の時のように、そのことの為に外出する必要はない。

夕食は地魚の刺身と野菜の煮物、天ぷら、おしんこ、そして沖縄のみそ汁である。与那国島での二食付きの宿よりか、はるかに良いものだった。

部屋にはテレビと扇風機もあった。そして何より嬉しいのは、いつでも浴室が使えて、シャワーを浴びられることだった。私は外出から戻る度にシャワーを使って身体を洗って、部屋では快適に過ごした。

二日目。午前九時少し過ぎに宿を出て、動

役場出張所前の道にある花壇

き出す。

すぐ近くにある「郵便局」から、昨夜書いた友人三名への絵ハガキを出し（各四十円）、やはり近くにある「役場出張所」に入る。五分程居る。

そして、昨日同様に灯台前を通って「最南端の碑」への岐れ道まで、昨日と同じ道を歩く。ただ今日はその交叉路で左折する。私の手には、先程訪れた「役場出張所」で貰った島内地図がある。

今日は逆（反時計）回りで、残りの未知の道を歩く。一周道路を進み、五分後、空港の滑走路端へと続く交叉路に出る（十時四分）。そこを右折する。そこからは車一台が通れる程の幅の、雑草が茂る道を行く。両側には種々の草木が植わる。

十三分後、滑走路端脇に出る。今度は滑走路に沿って左折して進む。途中から空港拡張工事にぶつかる。ダンプカーやブルドーザー、ショベルカーなどが動いている。数年後にはさらに大型の飛行機を飛ばすというのだろうか。与那国島もつい最近、ＤＨＣ機・十九人乗りから、ＹＳの六十人乗りの航空機に変わったというから、あるいはこの島にも、そういった日がいずれ訪れるのかも知れない。

空港の建物内で少し休憩し（十時四十分まで）、再び一周道路に出て、右折する（同五十四分）。「シムスケー＝下り古井戸」を目指す。一応の観光箇所は見物しておきたい。しかし例によって、「道しるべ」はない。

波照間空港、滑走路に駐まる DHC 機

空港建物とその入口辺

サトウキビ畑で働く人々に尋ね尋ねして、やっと辿り着く。

シムスケー（下り古井戸）

「下り古井戸」には水もあったが、ちり芥や枯葉がその水面を被っていて、とても飲めるものではない。しかし、牛には問題ないのかも知れない（※この島は昔から水不足で悩んでいたが、ある時、シムス村の赤牛がこの泉を探し当て、村人の生活に資したという）。

木蔭があったので、暫しそこでも休憩する。日盛りの中を歩いて行くのは、やはり辛い。

次は「ぶりぶち浜」。

そこへも一旦、一周道路に出て向かう。十五分程歩いた処で、その浜へと右折する。

六分後、同浜に着く（零時七分）。この浜はしかし泳ぐのには適していない。ただシュノーケルをもって、水中見物をするのにはいいかも知れない。サンゴ礁の間には熱帯の魚が浮遊していたのだから。

同浜辺には二十五分程居て、再び一周道路に戻り、やはり右折し、十分程歩いて、「学童慰霊碑」のある、村中心への交叉路を左折し、「コート盛」前を通って、帰宿する。

昨日行き残した半周分を歩き切り、午後一時少し前、宿に戻った。暑い日盛りを少しでも避ける為に、三時半近くまで部屋で過ごしている。ただ休息している。

三時二十六分、外に出て行く。正午頃よりはいくらか日射しも弱くなったような気がして。これからは強くなることはないと思われて。

昨日、船の着いた港方向へと歩いて行く。

一周道路に出て左折し、「製糖工場」脇を右に折れて、浜辺へと出る。同工場下の浜（ニシ浜）がこの島での唯一の遊泳区域だった。まばらだが、そこには人間の姿もあった。船で一緒だった人もそこに居た。

私は、浜の日蔭になっている処で休む。

二時間近く、何もせず、ボーと過ごしている。沖縄は本土に比べると、一時間近く日が長い。六時近くになっても陽光はある。九月初旬の今、日暮れは五時頃ではなく、七時近くになってからだ。

私はやっといくらか日射しの弱まった、六時過ぎにその浜辺を離れた。来た道を戻り、一周道路に出て左折し、港からの交叉路を右折し、六時半前には帰宿した。

泊まっている宿「みのる」は、島の中での「名石」という地区にある。ここには小・中学校、郵便局、駐在所もあり、一応の中心地のようだった。商店も三軒あり、そのうち二軒は夜九時過ぎても開いていて、子ども達の声がその店の外に響いていた。何しろここには娯楽と呼べるようなものは何もなかったのだから。子ども達も外で身体を動かして遊ぶ以外にはなかったのかも知れない。

九時と言っても日が暮れて、まだ二時間程しか経っていないのだから、寝るには早過ぎるのだろう。テレビと言ってもＮＨＫの総合と教育が入るのみで、子ども達にはそのプログラムはあまり面白いものではなかっただろう（※ 民放が見られるようになったのは、一九九三年から）。

今日でこの島の観光はそれなりに終えることができた。しかし、明日もまた動くことは動くだろう。

波照間島二日目を終える。私自身の就寝は、本を読んでいたこともあって、ちょうど午前零時頃だった。

波照間島、三日目。駐在からの……

一昨日と昨日で一周道路は歩き回ったので、今日はその一周道路の内側にある道を歩くことにする。

その前に、まず波照間港・船着場へ行く。九時に宿を出て、一分後、竹富町役場・波照間出張所前を通り、十分後、冨嘉地区・集落に入る。その集落内を少し見物して、一周道路に九時十六分に出る。そこから船着場へと。

　同埠頭には同二十分に着く。定期船の入らない日の港は閑散としたものだ。そして陸近くに上げられた漁船近くに歩を進めた時、後方からバイクのクラクションを聞く。そしてバイクの止まる音が……。

　私は一応、振り返る。紺のTシャツにスカイブルーの短パンで、茶色のサンダルを履いた小太りの男がこちらを見つめている。

　私は、「こんにちは」と言う声を、その男の気配から呑み込んだ。

「何してる？」

波照間漁港、及び船着場入口辺

「……」

「どこへ行く？」

「ただ見物しているだけです」

私はその声調から、相手が好意的ではないことを察した。そしてむしろ厄介な相手であるということも。

「何している？」

再び問い詰める。

「あんたは誰？」

私は訊く。

「駐在だ」

「フーン」

「どこから来た？」

「内地から」

私はそのような恰好をしている相手が、そのような言葉遣いで接して来るので、いささか腹立たしい。

「駐在なら、警察手帳を見せて欲しい」

「ない」

相手はヘルメットを取ると、バイクを下りて私の側に来た。

『あー、厄介なことになった』

と思う。

「おたくがそういうなら、私も訊くが、おたくの職業は？」

相手は警察手帳を提示していない。しかしそのことは、再びは言わない。言えば事態はもっとこんがらがる。

「仕事はないよ」

「じゃ、お金はどうしている？」

そんなことはあんたには関係ない、と言おうとしたが、やはりやめる。

「親から貰っている」

「親の仕事は？」

「いえ、何もしていない」

「何もしてなくて、よくお金があるね」

「お蔭様で年金を貰っているので」

「仕事は何をしていた？」

「公務員です」

なぜこんな処でそんなことを話さなければならないのか、情け無くなって来る。

「この島には、どこに泊まっている?」

「民宿みのる荘」

「いつから?」

「二日前から。その日来た船でやって来た」

「いつまで居る?」

「明日出る船で、石垣島に戻る」

「次にどこに行く?」

「竹富島辺り」

「おたくはどうして、そんな口のきき方をするのか?」

「どこか、おかしい?」

最初の取っ掛かりが悪かった。誰しもそんな身なりの者が、警官だとは思わない。

「海邦国体をひかえて、沖縄は警備が強化されている。不審者を訊問するのは、私にとっては当たり前のことだ」

「それは分かっています。しかしあんたのその恰好では、島の者でない限り、おまわりさんだとは分からないですよ。もし制服を着ていたら、勿論、こっちもそのように対していたでしょうが……」

「……」

「普通尋問するのなら、まず自分の身分を明かしてから、するものではないですか？」

「私は初めに駐在だけど、と言った」

「いえ、こっちが誰ですか？　と尋ねてから、初めてそう言ったのです」

「いや、私は、すみません駐在だけど、と言って、おたくに声を掛けた」

「そうじゃないですよ。よーく手を胸に当てて考えて下さい。こっちが訊いて、初めて明かしたのです」

「いや違う。初めから名乗っていた」

「これは水掛け論ですね」

「何が水掛け論か、内地の人間は、みんなこのように理屈っぽい」

「理屈じゃなくて、真実のことを言っているまでですよ」

「もういい。おたくがそういうなら、こっちにも考えがあるから。おたくの行動をずっと監視しているからね」

「いいですよ。別に悪いことは何もしていないのですから、あんたの気が済むように」

「おたく、人のことをあんたという、そんな言葉遣いはないでしょう」

「あんたとおたくと、どう違うのですか？」

私は、「あんた」と言って、相手に人差し指を向けた。その時、相手は私の手を振り払った。

「指を人に向けて差すのはよしなさい。沖縄ではそれは、人を馬鹿にしているしるしです」

私は指差すのをやめた。そして何も言葉を発することができない。

「内地の人間はみんな、こんな風に理屈っぽい」

彼は再び、同じことを呟いた。

「私は原則的には、おまわりさんは好きなのです。しかし今回は仕方ないですよ。そんな服装をしていたら、誰も駐在なんて思わないですよ。もし制服を着ていたら、別にたとえ、駐在だ、と初めから名乗らなくても、それ相応の応え方をしたと思うのですが……」

「私は最初に駐在だと名乗った」

「いえ、何してる、と言ったのです」

「……」

「私が誰ですか？　と訊いて初めて、駐在だと名乗った」

「いや、そんなことはない。すみません、駐在だけれど、何してる、と」

「やっぱり、水掛け論です」

「内地の人間は理屈っぽい」

「いえこれは大事なことなんです。先に身分を明らかにしていたか、そうでないかということは、内地のおまわりさんは、まず身を明かしてから尋問するでしょう」

「もういい。分かった。とにかくずっと、おたくを監視しているから」

彼はそう言うと、ヘルメットを被り、バイクに乗り、去って行った。

余程、一人ポツンと歩いているということは異様に映るようだ。確かにこの島は、ある意味日本の果ての島で、ここからさらに南の陸地は外国ということになるのだから――そういえば、昨年末から今年正月二日まで居た、長崎県の対馬でも県道を歩いていた時、バイクに乗った警官に止められ、尋問されていた。あの島も韓国との国境にある島に違いなかった。

しかし……。歩いているということが異様という今の日本。如何に現代日本が車に毒されているかということだ。たぶん四十年前（一九四七年＝敗戦後二年目）なら、これ程車社会ではなかっただろう。まして辺境の小島にあっては。

考えてみれば五～六年前に旅行していたアフリカにあっては、辺境の地では、人々の移動は徒歩行が多かった……。

私はいささか「観光見物」という気は殺がれたが、それでもこの日の予定を遂行すべく、動く。船着場には三十分程居た。

一周道路に戻るべく、そちらへと進んで行った。まだ九時五十分。

五分後、同道路に出て、製糖工場前を過ぎ、再び冨嘉地区方向に入り、同地区を経由して、三十五分後、灯台前に出る。そして灯台前から引き返して、十一時少し過ぎに宿に戻った。もう見物する処は特にない。

戻るとすぐに、宿の人のこちらに対する態度を見たが、何もそれに変化はなかった。もしかしたら先程の駐在が来ていて、こちらの宿泊を確認しているかを訊きに来たかとも思われて。私は泊まる宿のことを彼に伝えていたから。

しかし宿の人間はそのことは知らぬようで、何もこちらに問うことはなかった。

その後四十分程休息して、再び外出する。昨日も訪れている、製糖工場下の浜辺・ニシ浜へと行く(正午着)。

木蔭で日当たりを避けながら——もう充分に肌は灼けていた——、本を読んで過ごした。

少しすると船で一緒だった人が、彼の泊まる宿で一緒になったという学生さんとやって来た。彼は、水中メガネ、シュノーケル、そして足ヒレも持参していた。

そして彼等の水中での見物を終えると、私の側に来て、

「もしよかったら、貸しますので、使って下さい」

とそれらを提示した。私はその言葉に甘えて、それらを付けて海に入り、水中を泳いだ。幸運なことだ。彼等に会わなければそれはできなかったから。

その後、彼等と話して過ごす。お互いの旅行の話などもして。

そんな彼等と会ったことで、その浜辺に六時間半も居た。六時三十分を過ぎて、私たちはそこを離れ、それぞれの宿のある近くで別れた。

波照間島、三日目を終える。

波照間島、四日目。そして石垣島へ

波照間島、四日目。

船は午後二時半に出る。それまでの時間を暢びりと過ごす。もう特別、見物する処はない。九時二十分過ぎに宿を出ると、一周道路に出て、一昨日にも少し時間を過ごした、島の北側にある、「ぶりぶち浜」に行ってみる。そこで残りの時間を潰そうと思って。

その浜に行ってみると、昨日「ニシ浜」で会った二人がすでに来ていて、同じように好意的な時間を過ごす――昨日の会話で、今日はこの浜に来る予定だと語っていた。

二人は今日も水中メガネとシュノーケルを持参していて、水中見物に出て行った。こちらは浜辺で本を読んで過ごす。

四十分程すると二人は戻って来る。そして今日も、私にそれらの道具を貸してくれる。その言葉に甘えて、一人で水中に入り遊んだ。

途中の浅瀬までビーチサンダルで行ったのだが、そこから足ヒレを履くべくサンダルを脱いだ。泳ぐ時には足ヒレの方が良かったからだ。

そしてそれなりに水中での時間を過ごし、元の浅瀬に戻って来た時、脱いだサンダルが水に流されたようで無かった。

いくら探しても、脱いだ場所周辺には無かった。私がそこでウロウロしているのを浜で見ていた学生さんが、私と入れ違いに探しに動いてくれた。

そして十分程後、彼はそれを探し当てて持って来てくれた。サンダルそのものは長く使っていて、すでに端緒の部分が擦り切れそうで、失くしてしまっても惜しくはないものだったが、その学生さんの行為にはとても感謝した。私はそのことだけで彼の名前と住所を訊く気になった。できることなら長く知り合いでいたいと思ったから。たとえ十いくつも年齢に差があったとしても。真摯な人間に魅力を感じるのは当然のことだろう――大阪市城東区に住む、岡田さんだった（注、一九八七年当時は、そのような出会いであっても、名前等を訊くことは、今程異様なことではなかった。ケータイやスマホなどのない時代であった）。

十一時四十分までその浜辺に居て、二人に別れを告げて、宿へと戻って行く。

そして午後二時少し過ぎ、宿の車に乗せてもらって――今日宿泊する予定の客の出迎えもあるので――、船着場へと向かう。

車なら七分後にそこに着く。船の出る時刻より十五分程前である。

午前中、「ぶりぶち浜」辺で会った学生（岡田）さんではない人が港の待合室には居た。彼とはこの島に来た時にも同じ船だった。

「学生さんはまだこの島で過ごすと言っていました」

波照間港と、石垣島への船「第八新栄丸」

シュノーケル等を貸してくれたこの人もひどくいい人だったが、名前は訊いていない。単なる同じような（学生ではない）旅行者のこちらに、そのような好意を示してくれたことは忘れずにいたいと思う。

波照間島を定刻の二時三十分に出た「第八新栄丸」は、約三時間後の五時三十八分に石垣港に接岸された。ほぼ定刻通りである。

私たちは下船する。私は今日の宿を、この島にあるユースホステルのうち、まだ訪れていない、町中から少し離れてある、「トレック石垣島」にしていたので（予約済）、その親切な人とは、彼が泊まる港近くのホテルのフロントで別れた。また会えればいいと思って……。

私はそこから一～二分の処にあるバスターミナルに行き、六時十分発の大型バスに乗って町中を離れた。

宿となるユースホステルは、五十分程走った「星野」というバス停下車で、その近くにあると言う。

成程、下車（五百円）したあと、三分程で同処に着く。素泊まりでの代金千六百円を払って、八人部屋（ドミトリイ）に入り、そこにある一つのベッドに自分の場所を取る。

二十五分後、ＹＨを出て、近くにある商店へ行き、夕食用の弁当（三百五十円）を買って、近くの浜辺に行き、そこでその弁当を食して、八時少し前に帰宿する。

このＹＨは、石垣島にある他のすでに泊まっている二つのＹＨと同じ、素泊まりで千六百円だが、わざわざバスに乗って来るような処ではなかったと思う。マァ、話のタネにと思って来たので、それはそれで得心はしているが。

明日、次の予定地「黒島」に向かうつもりでいる。その島を含めてあと少し島巡り（西表島と竹富島）をして、沖縄本島に戻るつもりでいる。残された時間、約二週間程をこれからも有効に使ってゆきたいと思う。

石垣市中心への徒歩行①

なるべくなら歩いて旅行したい。そんな思いがあるから、時間に余裕があると、待つことをし

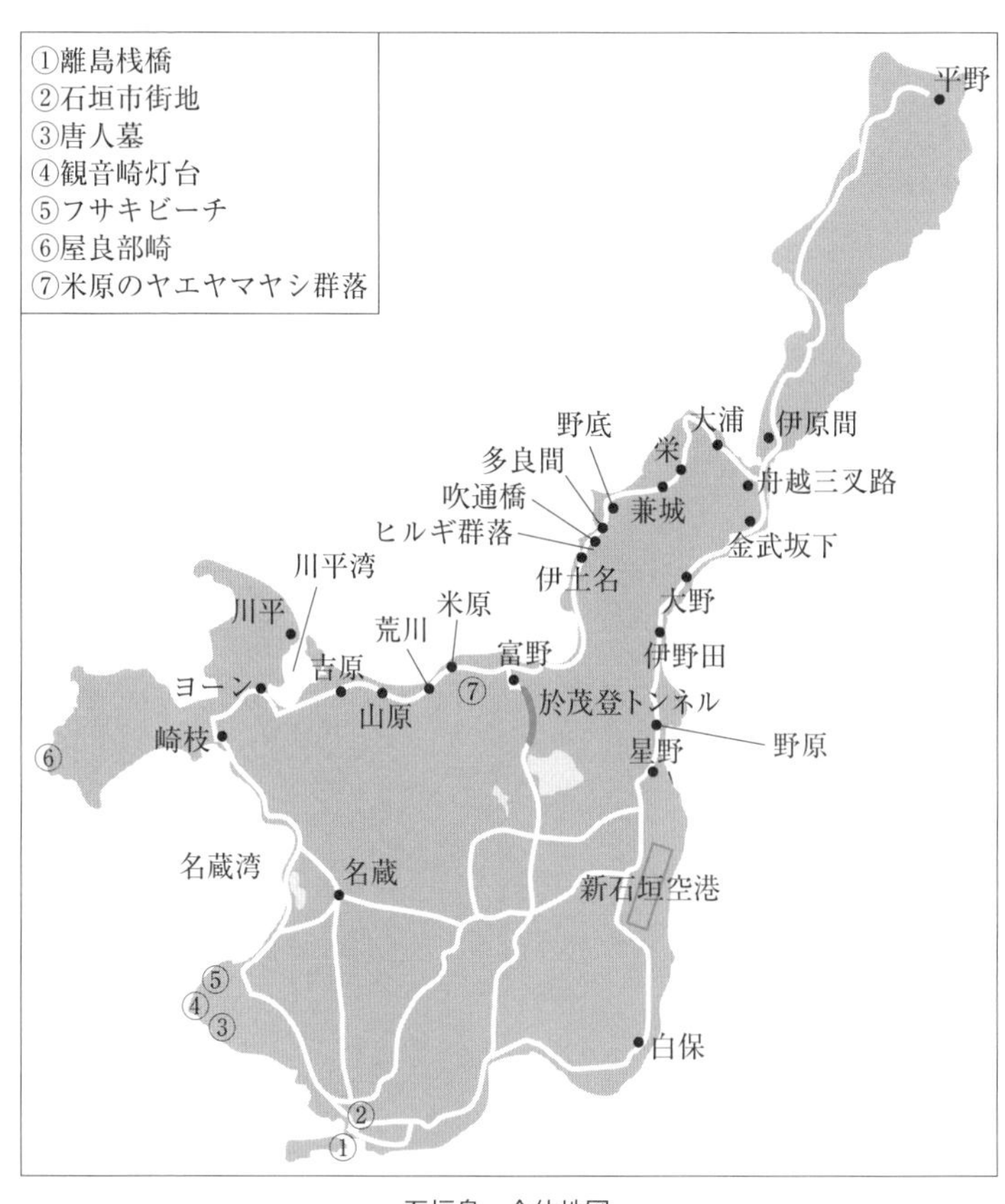
①離島桟橋
②石垣市街地
③唐人墓
④観音崎灯台
⑤フサキビーチ
⑥屋良部崎
⑦米原のヤエヤマヤシ群落
平野
伊原間
大浦
野底
米
多良間
舟越三叉路
吹通橋
兼城
ヒルギ群落
金武坂下
伊土名
川平湾
大野
川平
米原
荒川
伊野田
吉原
富野
ヨーン
山原
於茂登トンネル
崎枝
野原
星野
名蔵湾
名蔵
新石垣空港
白保

石垣島　全体地図

ない。この旅行にはバックパック（デイパック）で来ているのだから尚更だ。それを背負ってしまえば、歩くのに何も問題ない。昔の旅行で十数kgのそれを背負って、何kmも——スーダンを南下している時、歩かされたのは五十kmか、あるいはそれ以上だったかも知れない——歩いたことを考えれば、何の苦痛もない。

長居無用のそのYHを、翌朝七時少し過ぎには出ている。正直、感じの良くない宿だった。

昨日、船着場近くにあるバスターミナル（東運輸）で貰った時刻表によると、伊原間方面に、（また石垣市方面にも）行くバスは、八時過ぎまでない。昨日下車したバス停（「星野」）で、一時間も待つ気はない。昨夕、夕食の弁当を購入した商店が開いていたので、そこに入り、朝食用のパンと牛乳を購入して、その店でそれらを飲食し、五分後に同店を出て、歩き出す（七時二十四分）。「星野」から次の停留所の「野原」まで約十分。道を歩く者は私一人。そして通り過ぎる車も、この時刻では（七時半頃）、一台、二台。

次は「伊野田校」停留所。「野原」から九分後に通過。

伊野田校の「校」とは、たぶん学校を意味するのだと思う。そのバス停前には小学校があったのだから。

そこから十分後、「伊野田2班」に到る。さらに五分後、「伊野田3班」のバス停留所を通過する。まだ八時になったばかりだ。次のバス停の「大野」までどの位あるのか分からない。しかしこれまでのようなら、十分も歩けばある筈だ。

時刻表によると、バスは、先行するのが、「舟越三叉路」、そして「伊原間」を経由して、この島の北端にある集落の「平野」行。十分程後に、東周りの一周線が来る。二台目のそれ（は、「伊原間」で折り返して、戻って来る）に乗ればいい。そうすれば、目的の「川平」へ乗り換えなくて辿り着く。それは「星野」を八時十五分頃に通過する。

「大野」には予想通り、八時十分に着く。その少し前に「平野」行きのバスが、歩く私の横を通り過ぎて行った。バスは定刻通り動いていた。

大野を過ぎると、左手に大きな牧場が現れる。山の裾野を利用したそこは広々としている。麓際に牧舎や、サイロの円筒建物が見える。豊かな光景だ。一瞬、沖縄であることを忘れてしまう。そこを過ぎると道は、登り坂になる。次のバス停名は「金武坂下」となっていたから、山へと入って行くことは、それ以前に察せられていたが……。

牧場前を出て十分程歩くと、坂をほぼ登り切る。そして坂の上に達すると、少し前に抜いて行った軽トラックが止まっていた。道の両側に繁茂する雑草を刈る為の人だった。

そのおじさんはちょうど雑草の刈るのをやめて、再びその青色の軽トラックに乗り込んだ。私はそれを見て、彼に「乗せて下さい」と合図する。

そう、今日二台目（二便目）のバスも先程、歩く私の横を通り過ぎて行った。私が「金武坂下」に着く前に、そのバスは行ってしまっていた。そのバスは定刻より数分早く動いていた。バス停に立つ者の居ない場合、バスは定刻の前であっても、この辺りのバス停では止まって、留まる気配はなかった。勿論私も歩きながら、合図はしなかったが。

時刻表では、そのバスは「伊原間」を八時三十分に発つ。伊原間から「川平」方面へは、一日来た道を「舟越三叉路」まで戻って来る。だから抜かれても、うまくゆけば、その「舟越三叉路」で待てば、そのバスを捉(つか)まえることができる。

軽トラックは私を乗せてくれ、八時二十七分にその坂上を発った。車は早い。数kmの道のりなら、数分で着く。例えば歩けば一時間もかかる四～五kmの距離なら、それこそ四～五分でその道を走り切る。

軽トラックは八時三十一分、「舟越三叉路」に着いた。その車はそこを直進して、「伊原間」へ行く。

私はお礼を言って下車すると、三叉路（T字路）を左の方向に歩いて行く。

バス停は見当たらない。再び戻って探すという気はない。八時三十分に、もし「伊原間」を発ったのなら、あるいは一分程で「舟越三叉路」に着き、すでに通過したあとかも知れなかった。

私は半ば諦めて、徒歩行に決めた。まだ八時半を少し過ぎたばかりだ。時間は充分にあった。次のバス便まで四時間ある。その間にどの位歩けるかも、楽しい試みだった。

三叉路を左へ曲がる前、右手に見えていた海。左に曲がっても、すぐそこに海がある。一瞬目を疑う。しかし地図を見れば成程、そこには海があって然るべきなのだ。ここ「舟越」はその名の通り、反対側の海が荒れた時には、船をかついでこちら側に運んだ、ということから名付けられた地名なのだから。

最狭部は百メートル程しか、陸地幅はないと言う。これならあの対馬の上島、下島と同じように人工的に北と南に、一つの島を二つに分けることができるかも知れない。運河として利用しようと思えば。

「大浦」というバス停は、三叉路から十分程歩いた処にポツンとあった（八時四十二分）。勿論、そこには誰も居ない。人家の影もない。抜いて行く車もなければ、向こうから来る車もない。

道は舗装されているが、頻繁に車が通行する道ではない。特に今日は旧盆初日であり、休日として、家族で愉しんでいる者が多いせいもあっただろう。

道は登りになっている。暑い陽光が背後から照らす。後ろから車さえ来れば、ヒッチを試みようと思うが、それもできない。

徒歩行②

九時十分、右手に展望所がある。そこに立ち寄る。少し気分転換をはかる。左手に展ける海岸沿いの光景が美しい。幾重にも海の色が重なる。

「大浦」の次のバス停は「栄」か。その栄入口のバス停標識は展望所から二十分程歩いた時、道路右側に現れた。その辺りの道路は造成地のように、両側は高くなっている。バス停標識の高さ位まで、その造り壁は立てられていた。

「栄」の村はその右手方向にあるのだろう。すれ違う車が数台現れ始めた。そして追い抜く車は、展望所に至る十分程前に、一台のバスが横を通り過ぎて行った。

八時半の「伊原間」発のそれだ。やはりまだ、通過してはいなかったのだ。「大浦」のバス停で待っていれば乗れたかも知れない。しかしあの時もバス停で待つ気は毛頭なかった。

バスに抜かれてしまえば、あとは「川平」まで歩くか、ヒッチを試みる以外ない。しかし無原則にそれをやる気はない。ギリギリのところまで歩くつもりだ。

栄入口を境に道は下りとなり、降り切った処に「西野橋」が架かっている。その橋を渡って数分、日射しの強まりに負けて、道に張り出す木蔭に腰を降ろす。初めて歩く先の分からぬ道は、適切な計画は企てられない。五分程休息する。

休息した木蔭から三分程歩いた処に、「兼城」という集落があった。「伊野田」を出て初めて見る商店である。連続して休息する。その店屋に入って、オレンジジュース（百円）を購入して、店先で飲み終えた五分後（九時五十二分）、歩き出す。

「兼城」を過ぎると、十分間隔で再び集落が現れる。いや家並は見えないが、バス停はある。

十分後、「大地」バス停着。その前には「野底小学校」があった。木蔭を作っている歩道を歩く。それまで歩道はあっても、そこを歩くことは少ない。なぜなら、歩道を歩く者が少ない。歩道を歩く、というより「歩くこと」自体が少ない――要するに、殆どの者は車かバイクを利用して用を足しているということ。

それ故に歩道上に雑草が伸びるだけ伸びているのだ。ということで歩く者にはそこは歩きづらかった。

同小学校前の少しの距離の歩道を歩いただけで、再び車道を歩く。そして三分後、「多良間」のバス停標識前を通過する。さらに数分後、同じ文字を書くバス停に着く。「多良間」という停留所は二つあるということか。

二つ目のそこを出て八分。「吹通橋」に着く。同橋を渡った左側に、「ヒルギ群生地」と書かれた棒杭を見る。しかし悲しいかな、どの植物がその「ヒルギ」なのか、私には分からない。植物のことは殆ど分からないのだ。

橋の下に流れる川の水量は多くない。ヒルギは川床辺にあるのか、それとも対岸上にあるのか、あるいはまたこの棒杭の傍らに植わる木々がそうなのか……。

六分後、「伊土名」に着く。「舟越」を出て、初めて道路上に掛かる距離標識を認める。

「富野まで六㎞、川平まで十六㎞」

歩けば「川平」まで約四時間。現在午前十時半。午後二時半に着くということは、石垣市内に戻るバス時刻の午後一時半には間に合わない。その次のバス（川平発、午後四時五十分）では、石垣島発、西表島行きの四時半の船には乗れなくなる。どうしても「川平」には、午後一時半までには着かなければならない。

「伊土名」を出て数分、後方から来た二トントラックに手を上げる。とにかくトラックでなければ、手の上げようはない。乗用車はまずこちらの風体では、止まってくれそうもなかったから。

そのトラックは少し先まで走って、止まってくれた。

「ヤシ林まで乗せて下さい」

私は「川平」へ行く前に、ヤシ林を見物しようと思った。どうせここまで歩いて来たのだから、途中にある見物箇所は見ておきたくなったからだ。

運転手さんは、「どうぞ」と言って、助手席にある荷物を動かしてくれた。

やはり車は早い。アッという間に、新しく出来た「おもと（於茂登）トンネル」への岐れ道・三叉路（富野）に着いた。トラックはそこを左折して、そのトンネルを通って石垣市方向に向かう。

「ヤシ林はここから一km程の処にある」

運転手さんはそう教えてくれた。

トラックに乗っていたのは八分程。「伊土名」からその三叉路・富野まで六kmとあったから、一時間以上時間を短縮したことになる。残り「川平」までは十km。

「富野」のバス停は三叉路から二分歩いた処にあり、さらに八分程行った処に、「米原・ヤシ林入口」のバス停があった。運転手さんの言った、「一km」というのは正しかった。

道路からそこ（「ヤエヤマヤシ群落」）への入口へと左折すると、その正面前方にヤシ林が望（み）える。

山の中腹上に、ヤシの疎林が見える。

緩傾斜道を四分程上がると、広い空き地・駐車場に着く。その駐車場の左手先奥にある、人一人が通れる幅の狭い、小さな入口からヤシ林の中へと分け入る。一応、遊歩道のようだが、明確な標示板がある訳でもなく、踏み固められた道のようなものが延びているに過ぎない。下手をすると、道を失う危険性もあった。

どこまで行けば終着点（行き止まり）なのか分からず、七〜八十メートル進んだ処で、来た道を引き返す。林の中をウロつくというのは、あまり気持ちの良いものではない。まして自分独り、他に誰も居ないとなれば尚更に。

駐車場脇にある、トイレの前の道を上がって行くと、展望台に出る。しかし周りの木々が伸び過ぎて、坐っていては視界はない。中央のテーブル状の石の上に乗って、そして背

米原、ヤエヤマヤシ群落入口辺と、駐車場

伸び気味で辺りを望めば、蒼い海が見える。その展望台を造り建てた当初の環境（状況）とは、だいぶ変わったようだ。

徒歩行③

展望台を降りて、十一時三十分、ヤシ林・駐車場辺を出る。近くにある店屋でジュースを飲んで（百円）、十分程小休止をして、再び歩き出す。もうあとは「川平」まで途中立ち寄る処はない。とにかく「川平」を目指せばいい。残りあと距離的には二時間程。

バスの通る道に出て、そのT字路を左折する。

少しすると、道の右手に、「米原キャンプ場」が見えてくる。そのスペースはかなりの広さがあるようだ。

キャンプ場への標識は十数分歩いてもまだ、どこからでも入れるように示されていた。この石垣島では、あるいは一番大きなキャンプ場なのかも知れない。

「荒川橋」を渡る。川の瀬音が聞こえる。滝となって落ちていた。橋自体は短い。滝そのものも大きくはない。しかしそんな処に現れるそれは、何となく心を和ませるものだった。沖縄にあって、淡水はとても貴重なものであったから。

昼零時五分、同橋を通過する。六分後、「山原橋」に至る。この橋はこれまでのどの橋よりも長い。渡るのに二分かかる。そしてこの橋は右にゆるくカーブしている。「舟越」からの道々にある橋は、どの橋も昭和五十五年に完成していた。それ以前は簡素なものが架けられていたのかも知れない。この「山原橋」も随分と立派なものだった。確かに日本の橋に違いない。

「山原橋」を出て、三分後、右手に展望所がある。再び足を止めて、そこに入ってみる。しかし二分でそこを出る。ゆっくりしている時間はなかったからだ。

このまま「川平」まで歩くとなれば、一時三十分発のバスには間に合わない。しかしそれでもいいと思っている。今日どうしても西表島へ行かなければならない訳ではなかったからだ。

展望所から道を下って、そしてまた登って、その間数台のトラックにヒッチハイクを試みたが（手を上げたが）、どの車もスピードをゆるめることなく通り過ぎた。仕方ないと思う――自分が車を運転していても、ヒッチを試みる男に対して、止まるかどうかは分からないのだから。

十八分後（零時三十六分）、「吉原」に着く。そこで日射しを避けて、木蔭で休む。あと「川平」まではそう遠くはない。たまたまバイクで通りかかった郵便配達人に確認する。

「四～五㎞だろう」

と言う。距離にしてあと一時間程だ。一時三十分まで五十分しかない。やはり無理か。

いくらか疲れが出て来ていた。「星野」を発って、五時間半程。車に乗っていたり、休憩したりしていた時間を差し引いても、五時間は歩いていた。小さな荷物とはいえ、肩に負担を感じ始めていた。

この村で動かずに、ヒッチを試みても良かったが、しかしあと数㎞と思い、歩き出す。どうにもその性格が、そう出来ているらしい。じっと待ってはいられないようだ。

「吉原」を出て（零時四十一分）歩き始めて、しかし一分程、後ろから来た軽トラックに、ダメ元と思って手を上げる。

すると、幸運にもその車は止まってくれた。

「川平までお願いします」

「どうぞ」

内心ホッとする。これで西表島にも今日中に行けるだろう。乗ってしまえば五分程で、「川平」に着く筈だった。

「内地から？」

「ええ」

「ずっと歩いて来たの？」

「はい」

「誰も止まってくれなかった？」

「はい。でも大体乗用車でしたから。手も上げませんでした」

乗って一分も走らぬ処、軽トラックは右手にある展望所に車を入れた。私が旅行者であることを知って、親切にそこに止めてくれたのだった。しかし私はここで降ろされてしまうのではない

かと思って、

「川平のバスの停留所まで行きたいのですが……」

「川平を見るのは、ここからが一番きれいだ。川平の集落そのものはあまりきれいではないので、見ても良くない」

私はそうであっても、とにかく「川平」に行きたかった。しかし親切にそうしてくれる運転手さんに、それを言うことはできなかった。ヒッチで止まってくれた車が、このようなことをしてくれるのは破格のことだったから。

「この展望所も去年できた。ここから見るのが一番美しいからだ。あそこに黒く見えるのが、黒真珠を養殖している処です」

私は成り行きに任せる以外ない。止まってくれたことが自然なら、次に起こる状況もまた自然だった。

トラックは一分程止まっていて、走り出した。そして四分走った処で、T字路（「ヨーン」という名の場所）にぶつかる。右へ行けば「川平」。「二㎞」とある。左は勿論、「崎枝」から、「石垣（市街地）」へと続く。

私は右に曲がってくれることを願っていたが……。そこに至るまで、車内で運転手さんと、次のような会話を交わしていた。

「最近は沖縄の人も不親切になって来たから」

車が止まらなかったことに対して、彼はそう言った。私自身はそのことを、それ程深くは感じてはいなかったけれど……。

「いえ、本当は時間さえあれば、ずっと歩くつもりだったのです。しかし今日これから西表島へ行くつもりなので、川平発一時半のバスに乗らなければ、四時半の船には間に合わないのです。だから車を止めていたのです」

暫く沈黙が続いたあと、

「石垣まで行く?」

「この車は石垣まで行くのですか?」

彼は頷いた。

「じゃ、もし差し支えなければ、お願いします」

私はこの軽トラックで「石垣」まで送られることになった。そういうことになって、「川平を見物したいので、そこに寄ってもらえませんか」とは言えなかった。たとえそこまで残り二km、往復四kmとしても、車にとっては余分な走行には違いなかった。

T字路を左折した車は、しかしすぐに止まった。再び道を横切って展望所に止まったのだ。

「この辺ではさっきの処と、ここが海を望(み)るのには良い処です。きれいでしょう」

と言って、眼下の海辺を指差した。

「写真撮りたいですか?」

「……」

「いいですよ。待っていますから」

彼はそう言うと、車のエンジンを切った。

私は荷台に置いたバッグからカメラを取り出すと、一枚海辺の光景を撮った。

「川平にも寄れば良かったね」

私が助手席に乗り込むと、運転手さんはそう言った。とても人の気持ちも解ってくれる人だった。その気持ちだけで私には充分だった。

「この展望所も先程の処と同じで、去年出来たのです。川平が汚なくなった分、新しく作ったという訳です」

「川平が汚れた原因は、やはりホテル等からの汚水ですか？」

「いや、旅行者達が捨ててゆく廃棄物です」

確かに外部の者は長い目で、その土地の

展望所から川平湾方面を望む

「唐人墓」の前で、糸満さんと軽トラック

ことを考えようとはしない。一つまた一つと、各所は汚されてゆく。それは観光名所であるが故の、宿命なのかも知れない。

展望所を出て、車は南下をする。スピードは出ていないが、しかし距離はどんどん進む。歩く速さとは比較にならない。四時半発の西表島行きに間に合うどころか、時間は余ってしまう。

「唐人墓」、「観音崎」の標識を見つけると、運転手さんはその方向に車を曲がらせた。私の為にわざわざ、そちらの道を択ったのだ。

少し行くと、「フサキ海洋民族村」の看板が目に入る。そして同ビレッジ・リゾート・ホテルのレンガ壁が右手に続く。

「民族村、見ますか?」

「いえ、ただ唐人墓がこっちにあるのですね。もし良かったら、そこには止まって欲しいのですが……」

「そのつもりで、こっちに来ましたから、大丈夫です」

「どうも、すみません」

ビレッジの壁が切れて少し走ると、左手に「唐人墓」への細い道があった。車はそこへの砂利道を登る。

登ったすぐそこに、中国風の色彩の屋根建物がある。ここは屋良部崎、大崎と共に、名蔵湾を形造る、「観音崎」でもある。車道の向こうは観音崎であり、そしてその先には湾海が広がる。

「唐人墓」に十分程居る。そして石垣市内へ（午後一時十七分発）。

「桟橋へ行く？」

「ええ、もし良ければ」

運転手さんはどこまでも好意的で親切だった。そしてそこに近付いた時、

「アーサ、食べたことある？」

「いいえ、何ですか？」

「海草料理。沖縄料理、食べられる？」

「ええ、大好きです」

車は見慣れた船着場前の道に着く（一時二十六分）。

「この運転手さんが、アーサ料理を御馳走するよ」

私はそんな親切を受けてもいいものか迷った。まして、その人は私より年下かも知れない。まだあるいは、三十歳前かも知れないというのに。

しかし成り行き上、御好意に従った。その「アーサ料理」というものに興味があったから。旅行中に受ける親切は、「循環」として、私は受け入れることにしている。これは自分勝手、自分の都合のいいように解釈する、と言われても仕方ないことだが、とにかく受け身でいることの方が多い。私はどこかで循環させるつもりでいるのだから。

港ターミナル前の通りに面してある食堂に入り(同二十八分)、それを御馳走になる。どこまでも親切な人だった。

二十分後、その料理をおいしく頂いて、その店を出る。

その運転手さんの住所と名前を尋ねて(石垣市登野城の糸満さん)、その食堂の前でお礼を述べて別れた(せめてものお礼のしるしとして、先程訪れた「唐人墓」の前で撮った写真をお送りするとの約束をして)。

船着場前の離島航路の事務所を回っているうちに、私は西表島行きを取り止めることにした。予定では、西表島→黒島→竹富島の順で回るつもりでいた。しかし、より有効に回るのなら、黒島→西表島→竹富島の方が船の運航からは良かった。黒島から西表島へは船は通っているが、西表島から黒島へは通っていなかった。そして、西表島から竹富島へは船はあった。先に、黒島に行くことに変更した。

黒島へ。一日目、二日目

黒島行きの船は、午後三時四十分にあった。それに乗り込む。八重山観光フェリー社の高速艇「はやぶさ」である（九百七十円）（巻末資料4-A）。

三十五分後に黒島に着く。船内には満員に近い乗客が乗り込んでいた。黒島行きの最終便なので、当然だったのかも知れない。

桟橋に降りると、いつものように歩き出す。船着場前にあった「しんざと観光」の事務所で貰った、簡単なパンフレットに描かれた地図を頼りに。

宿はどうやら、仲本地区にある。時間はある（四時十六分）。歩いても行けないことはないだろう。桟橋にいくつかの民宿の車はあったけれど、また船着場近くにも（保里集落の）、民宿やペンションがあったけれど、とにかく歩き出す。

二十数分後、港辺を離れて最初の集落「宮里」に出る。そこにも宿はあったが、やはり入らない。まだ四時半過ぎ、時刻には問題ない。

そこから道を左に折れて「仲本」へ向かう。五分程の距離という。

四時五十分、仲本に着き、三軒ある民宿のうちの一軒に入る。どこに入っても良かったが、そのうち二軒は石垣島から電話で料金を聞いていた。残る一軒も波照間島で会った台湾経由の人に

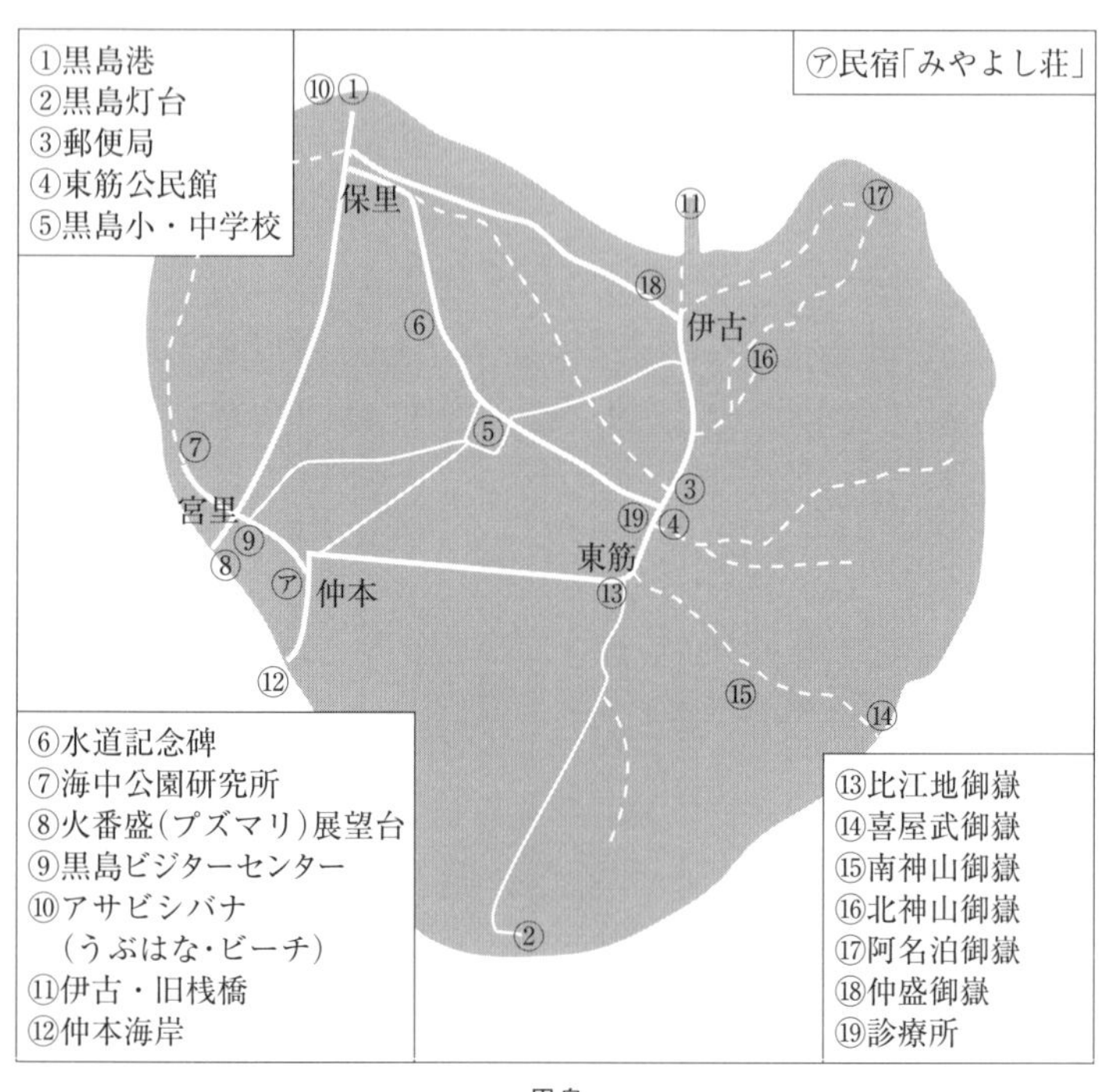
①黒島港
②黒島灯台
③郵便局
④東筋公民館
⑤黒島小・中学校
㋐民宿「みやよし荘」
⑥水道記念碑
⑦海中公園研究所
⑧火番盛(プズマリ)展望台
⑨黒島ビジターセンター
⑩アサビシバナ
(うぶはな・ビーチ)
⑪伊古・旧桟橋
⑫仲本海岸
⑬比江地御嶽
⑭喜屋武御嶽
⑮南神山御嶽
⑯北神山御嶽
⑰阿名泊御嶽
⑱仲盛御嶽
⑲診療所
保里
伊古
宮里
仲本
東筋

黒島

聞いていた。どこも同じ料金だった。

しかし、その波照間で会った人から聞いていた民宿、「みやよし荘」に泊まることになる。たまたまその前の道に民宿の奥さんが出ていて、値段の交渉をして、値切ることができたから（素泊まり二千円が千五百円になった）。

それに宿自体の外観も小綺麗だったから。そして実際泊まってみると、考えていた以上に居心地の良い処だった。その奥さんの飾らない対応も良かった。

私は着いたその日に、当初の予定の二泊を、『三泊にしてもいいかな』という風に変えていた。トイレも風呂も良かった。部屋も二階で明るい。扇風機もあり、蚊取線香も入れてくれた。暢びりするのには良い宿だった。

この日はその後、夕食に外出し、近くの海岸を少し見て、終わる。充分歩き動いた一日だった。


翌日（二日目）。九月六日、日曜日。

いつものように歩いて島内見物に出る。歩くのにちょうどいい広さの島だった（十平方㎞程の面積。周囲も十二〜三㎞程）。

島内に集落は五つある。船着場前の保里、そして昨日通った宮里と、宿のある仲本。それに東筋集落と伊古集落。

民宿を出ると、東に道を択る。島の中心集落である「東筋」に向かう。集落と集落の間は、ど

黒島灯台

こも広大な牧場が広がるのみだ（島の八割程は牧場という）。その木蔭に黒い和牛が体を休めている。それぞれの牧場の境界は、石垣と鉄条網で仕切られている。

二十分後（八時四十六分）、東筋の端にある「比江地御嶽」前に出る。御嶽とは島人信仰の神秘的な力を宿す聖地・神社である。島内には十二カ所あるという。

その交叉路を右に折れて行く。この島は成程、石垣島に近く、観光客も多いせいか、与那国島や波照間島に比べると、その道しるべが要所の岐れ道にハッキリと記されている。だから道を間違うことはない。

七分程で三叉路に至り、標識の示す通り、斜め右方向へと折れて行く。

灯台はそこからさらに十五分程歩いた処にあった。勿論、ここに至るまでの道の両側にも牧場が広がっている。

灯台辺からは遠く波照間島の島影が望えた。また新城島は、かなりハッキリと望えた。

灯台に十七分間居て、来た道を「比江地御嶽」まで戻る。そこの交叉路（十字路）を右折して、喜屋武海岸方向へと行く。途中、「南神山御嶽」に立ち寄る。ただその御嶽は道沿いからは見えず、その道から右に折れて、その社まで、四分程小径を歩かなければならない。

来る人もないのか、小径の両側の木々から垂れ下がる梢にクモの巣が張られている。厄介だが、それを腕に受けて進んで行く。

神社の鳥居があって、その後方に社がある。そしてその社を通り抜けて――ちゃんと人が通れるように空間が建物内に空けられている――、さらに奥のある社へと行く。円い窓様の穴が壁に空けられている。この形態は多くの御嶽に共通のもののようだ。次に訪れた……。

十分程、同御嶽辺に居て、小径を戻り、海岸へと続く道に出て、そこを右へと行く。

五分後、海岸端にある「喜屋武御嶽」に着く（十時二十三分）。そこにも二つの社があり、そして先程の「南神山御嶽」同様の円窓が……、建物内に空けられていた。

海岸から再び「比江地御嶽」へ戻る（十時四十六分）。この島には周回道は出来ていないから、どうしても島の中心部に近い、そこに戻らなければならない。今度は交叉路を右折する。同御嶽から一分もかからず、東筋の集落へと入って行く。

沖縄特有の赤屋根、家屋を囲む石垣の家並が左右に並ぶ。交叉路から一分程で、右側に建つ「東筋公民館」前に出る。道路を挟んで、その前が「診療所」。そしてさらに数メートル行くと、右側に「郵便局」がある。確かにここがこの島の中心地だ。

郵便局前をさらに直進すると、右手に伸びる道（三叉路）が現れる。「阿名泊御嶽」へと続く道だ。

中心地から十八分後に、同御嶽に着く（十一時二十八分）。周囲に牧場の広がる光景は同じだ。しかし途中の「北神山御嶽」までは、道の両側は木々で視界は遮られている。NTTの〈公用道路使用許可書〉の立て看板が、起点と終点の処に立てられている。この道の、あるいは地下にその電線が通されているのかも知れない。

「阿名泊御嶽」を見、そしてその、やはりすぐ先にある海岸で十数分休憩して、再び来た道を戻る。途中、「北神山御嶽」に、今度は立ち寄る。見るべき処は見ておくべきだろう――五分後には、そこを出ているが。

三叉路に戻り、右に伊古方面へと進む。伊古の集落はほんの数百メートル。そしてそこを通っている時、雨が降り出した。通り雨だ。

木蔭で休む。しかし考えようによっては、上半身裸（宿を出る時は、勿論半袖シャツを着ていたが）で水着である。私は何も雨を避けることはなかった。むしろ汗でベタつく身体にはその雨は、正しくシャワーとなって、身体を流せることになった――注　この当時、日中、どこを歩いていても、島民の姿は殆どなく、従って移動の道々で、島民とすれ違うということもなかった。ということもあって、集落を離れると、暑さから、上半身裸になることもあった。

雨の止みそうもないのを覚って、七〜八分後、荷物（小型カメラと手帳とガイドブック等の入った小袋）をビニール袋にしっかりと収めると、雨の中を歩き出した。

不思議なもので、歩き出すとすぐに雨は上（あ）がった。

旧桟橋（伊古）の両側は、干潮と重なった為に、サンゴの岩肌が露出していた。これでは確かに、時刻によっては、小舟でも接岸出来ないだろう（現在では全く利用されていないということだが）。桟橋自体も百数十メートル程、海中に延びているが、それでもその先端の海にも、海水は殆ど満たされてはいないのだから。

旧桟橋から道に戻って、十字路を右折する。曲がってすぐにある「仲盛御嶽」に入る（零時五十五分）。

五分程居て、昨日着いた船着場（黒島港）・保里へと向かう。

途中、また雨が降り出したので、四分程、木蔭で雨宿りをする。そして、「仲盛御嶽」を出て、二十九分後、その船着場に出た。

大体一つの場所から一つの場所（目的地）までは、この島では長くても二十数分歩けば着く。そんな広さの島だった。

「うぶはな・ビーチ」と水遊びする民宿の子ども達

黒島見物の続き

黒島港・新桟橋に十分程居て、そこを出る。民宿「さつき荘」の前を右折し、次にアサビシバナ・ビーチへと向かう。

八分程で「うぶはな・ビーチ」と書かれた木製看板があり、そこから海辺へと入って行く。この島の周りは殆どすべてで泳げるが、しかし海水浴が出来るのは、この浜だけのようだ。あとはサンゴ浜であり、ダイビングには適しているが、用具を持たぬ水着だけの者が、またつまりは、小さな子ども達が気軽に安心して泳げるのはこの浜だけのようだった――貰った観光客向けのチラシにあるこの島の地図には、「アサビシバナ展望」とあるが、現実のそこでの標識看板には、「うぶはな・ビーチ」とあり、旅行者の私には、どちらが正しいのか、不明だ。ただここでは看板の方を優先してゆく。

成程、砂浜であり、海水浴には適していた。ここで民宿「みやよし」の奥さんと、その子ども五人と会い――海水浴に来ていた――、少し彼等と遊んだ。

「今は干潮だから、この浜伝いに仲本海岸まで行ける」

という奥さんの言葉に従って予定を変えて、浜伝いに歩いて行く（二時三十分）。

途中（同五十分）、岩肌の木蔭でビーチサンダルの鼻緒は左右とも切れてしまった（それもあって、そこで十分程休憩する）。いや、左の方は新桟橋から「うぶはな・ビーチ」へ向かう途中で切れていた。鼻緒の切れたサンダル程、歩くのに厄介なものはない。しかし素足では、とてもその岩肌の浜を進むことはできない。足元に注意して進んで行く。

浜伝いに歩き出して四十分程後、陸側の樹木に切れ間を見、そちらへと上がって行く。そこは「海中公園研究所」も過ぎて、宮里の集落の処だった。ちょうど良い場所だった。商店の横に「火番盛（ブズマリ）の展望台」がある。サンゴを積み上げた昔の〝船の出入りの監視所〟だったという。

監視場所としては南側にあり過ぎると思うのだが、西表島方面への船には必要なかったということか。島の最高点がこれだというのも、いかにも平坦な小島らしくて面白い。標高十三・七メートルという。

その展望台を降りて、商店の逆隣りにある「ビジターセンター」へ行く。ミニ資料館であり、様々な民俗具、日用具が展示されている。また黒島周辺から採れたサンゴや貝殻が無雑作に並べられていた。

日曜日で旧盆のこの日、開館はしていたが、建物内には誰も居らず、そこの折りたたみの椅子に坐って、見学後、一人休憩をした——ここで、「くろしま　しぜん　まっぷ」というリーフレットを貰っている（巻末資料7）。

一時間程（三時二十二分から四時二十八分まで）居て、宿へと戻る。そこからは十分もかからずに戻れた（四時三十四分）。

身体を洗って、五十分程休んで、再び宿を出る。波照間島で買っておいた新しいビーチサンダルを履いて、島の中心にある小・中学校へ行く。五つの集落から、それぞれ等距離程の処にその学校はあった。これは極めて考えられた位置である。どの集落からも文句は出ない。そして、小島故に一つの学校（校舎）で事足りるからだ。

宮里、仲本集落からは十三〜四分程でそこに着く。その二つの集落からの道は、学校前でほぼ一つになっている。同じように東筋、伊古集落からの道も、学校の東側で一つになっている。そしてあと一つの集落、保里からの道は北西からやって来ている。この学校にはそれぞれの集落から文句が出ないように、正門がそれぞれの道に対峙した形で開かれていた。

従って、北西門（保里から）と東門（東筋と伊古）、南西門（宮里と仲本）との三つがあった。生徒は学校に至ったら、ほぼ真っ直ぐに門を入ることができた。

休日のこの日、学校内に人影は見えない。

学校辺を五時四十四分に出て、十三分後、宮里集落へと戻る。そして、六時を過ぎていても開いていた「海中公園研究所」に入り（百円）、そこを見学する。

二十分程見て回り、『黒島、自然観察ガイド』というリーフレットを貰う。そこには、この島に棲息する、「植物（アダン、パパイヤ、フクギ、サンジャクバナナ等）」、「鳥・チョウ（サシバ、ヒヨドリ、アマサギ、ヤエヤマムラサキ等）」、「海岸動物（ミドリイシ、シカクナマコ、クモヒトデ、ウミガメの産卵跡等）」、「海中生物（カクレクマノミ、スズメダイ、ミノカサゴ、アオヒトデ等）」のことが、それら各写真と共に記されていた。

東筋公民館と、その周辺の光景

同研究所からの帰路に、夕食を「とんとんみー」という食堂に入って摂る。「カレーライス」(五百円)を食して、七時十六分に帰宿し、黒島二日目を終えた。

黒島、三日目

三日目。

やはりこの日もここに泊まることを決める(当初は二泊のつもりだった)。残りの日々は西表島二泊、竹富島二泊とした。しかしこの予定も勿論、変更になることもあり得る。何しろ台風十三号等が、沖縄に接近して来ているというのだから。

今日は、昨日まで辿らなかった道を歩くべく、昨朝より一時間以上遅い、九時四十二分に宿を出る。

郵便局のある東筋までは昨日も通った道を取る。宿前から延びている四本の道は、もうすべて一度はなぞった道であるから仕方ない。

郵便局に至って、そこで絵ハガキを出す(十時八分から同十四分まで)。そして公民館前まで戻り、そこから北西方向へ一直線に延びているアスファルト道を歩く。この道だけかも知れない。島内で遮るものがなく、ほぼ真一文字に延びているのは。

そして両側が牧場だから、ひどく見晴らしが良い。この道なら、競走するのもいいだろうと。

また、車の運転の練習をするのにもいいのではないか。公民館前から小・中学校の建物を、視力のよい者ならハッキリと見ることが出来る筈だった。

公民館から徒歩十分、学校前に着く。学校からは保里に抜ける、やはり北西方向への道を択る。二分程進むと、左手に「水道記念碑」が建つ。この島はその水道が引かれる昭和五十年二月二十三日まで、水に対する苦労は大変だったという。井戸を各所でいくつ掘っても、真水は湧き出て来なかったからだ――それまでは多くを天水に頼って来ていた。

この島を形作る地質がサンゴ礁盤等の生き物から成っている為だった。旱魃の時には西表島や石垣島から水を運搬していたという。つい十二年前まではそうだった訳だ。昭和四十八年三月十六日に西表島からの海底送水工事が着工し、二年後にやっと完成した。それを記念して植樹された木が、その「碑」の敷地内に植わる。そしてそれは、生長して大きく育っていた。

初代沖縄開発庁長官、山中貞則の石碑板が掲げられている。当時の金で、七億余円という。本土復帰三年目にしてやっと島民の水不足・水に対する不安は、それによって解消した。尚、西表島の送水地点は仲間川上流であり、陸水送水管距離は八㎞余。同じく着工された新城島（上地島と下地島の二つの島からなる総称。黒島の西方、西表島との間に位置する）へのそれも同時に完成し、そこでは送水距離は二㎞余という。

植樹は、山中長官の他に、時の政務次官、県知事、竹富町長、県議会議長に加えて、工事を請負った「日本鋼管社長」のそれもあった。

同記念碑から十二分程で、保里の集落、港の桟橋へと続くT字路に着く。そこを右折する。

二分後、同桟橋に出、そして浜辺に沿って行く。しかし今日は、浜辺伝いではない道を行くのが目的なので、少し行った処で陸地に上がる。

「うぶはな・ビーチ」、の標識板は歩き出して二分程の処にあった。本道としては最も通行のない道であり、雑草の伸び具合も著しい。

所々に牛が屯する。右側は防潮林のフクギ林だ。

二十分後（十一時二十五分）、道を歩く「ホロホロ鳥」を見る。昨日訪れた、「海中公園研究所」で飼っているものか。とにかくその鳥の遊ぶところを過ぎると、その「研究所」がすぐに左手に現れた。そこから宮里集落（やはり昨日訪れた、「ビジターセンター」もある）ということになる。

そこの道沿いにある商店に入って、昼食用のカップヌードルを購入して（二百円）、宿のある仲本集落へ。

五分も歩かずに同集落に至り、そして宿へと着く。まだ午前中だが、私はこの島での見物を終えた。

ただ帰宿後、小休止のあと、仲本海岸へ行き、そこの浜辺で一時間程、本を読んで過ごした。

午後一時過ぎに宿に戻り、その後は六時間程を部屋でゆっくりとした。

午後七時に夕食に出て、今日も宿近くにある食堂「とんとんみー」でそれを摂り（チャーハン＝五百円）、黒島での時間を終えた。

西表島へ

この黒島から西表島への船が出るかどうかは、その日になってみなければ分からない。この時季、台風の影響というのは、常に身に染みていることだった。このことはこの旅行に出て、新たに強く認識したことだった。八月下旬から九月にかけて沖縄の人々は、そして特に離島の人々はその情報に最大の関心を寄せていた。

これは内地の、ましてあまり台風の影響を受けない者には分からないことだ。テレビの天気予報をこれ程、真剣に見たことはなかったし、その時刻が待ち遠しかったこともない。東京に居ては、殆ど聞きのがしていた、沖縄方面の告知の時、耳を澄ませた。またその画面にも見入っていた。

それはたとえば東京の者が北海道へ行き、北海道の天気の告知の時とは、全く異なった気構えだった。極言すれば、天候の如何が離島の者には生命線と言えたからだ（北海道にも勿論、離島はあるが）。沖縄本島を離れれば、離れた地域の者程、その傾向は強い。与那国島や波照間島がその良い例だ。

この朝も一抹の不安を抱えながら迎えた。宿の人は、

「出るだろう」

と語った。確かに私の乗る船とは違う、石垣島とを往復する船が、すでに（九時三十分頃）、黒(この)島に入って来ている、と伝えられていた。

宿の客の中にも、すでにその石垣島へ向けて、黒島を離れていった者も居た。

私の乗る船の出港予定時刻は午前十一時。しかし宿を早目に出る。往々にして離島間を行く船の中には、定刻前に出帆する船が多かった。特にあまり利用客のない貨物兼用船である場合には。そしてこの日私が乗ろうとしていたのは、そういった船だったから。

船着場には歩いて二十数分で着く筈だ。この島の距離感は、前二日間の行動で、ほぼ完璧につかめていた。黒島にめぐらされた地図上に載る道で、私が辿らなかったのは二～三本の道しかない。

宿の車は――というより宿の人自体が、私が宿を出る時には居なかった――使えない。勿論、それは覚悟の上だ。歩いて二十数分の距離というのは分かっているので、全く問題ない。むしろいつ戻って来るか分からぬ人を待つよりか、その方が余程いい。

十時十六分、宿を出て行く。そして確かに二十三分後には、港に着いた。

船はすでに接岸されていて、荷の積み降ろしをしていた。乗客は上甲板の椅子席に一人（若い旅行者だ）と、下の船室にやはり一人、二人が見受けられるだけだった。正しく貨物の運搬が主の船ということが出来るだろう。勿論、石垣島から黒島への客は乗っていたことだろう。石垣島から西表島・大原に行く客で、この船を利用する者は少ない。時間は倍かかることが、その運賃の安さよりも勝っていたということだろう。

荷の予定を終えた船は、何の躊躇(ためらい)もなく、繋留綱を解(と)き、岸壁を離れた。時刻はまだ午前十時四十八分（再記するが、定刻は十一時だ）。

私がその埠頭に着いて、十分も経っていない。やはり早目に出て来て良かった。

船が出港する前、泊まっていた民宿の車がやって来た。運転していたのは宿の主人。

「歩いて行った、と聞いたもんで、船に遅れたら大変だと思い、やって来ました」

どれ程親切な人だろうか。宿に居る間、私はその主人とは殆ど親しく口を利いていない。

その宿に泊まるキッカケになったのも、そこでの奥さんとの会話だったし、その後の接触もずっと奥さんとしていたからだ。ただ主人もまた間違いなく、私のことを気に掛けていてくれたのだ。そういった心遣いが何よりも嬉しい。

「どうもわざわざ、ありがとうございます。今度またこの島に来る時にも寄らせてもらいます」

（※ 三十一年後の二〇一八年九月、黒島を再訪し、この「みやよし荘」に泊まっている）

主人は優し気な笑顔を返すと、車に乗り込み、運転席から一度会釈をすると、車を走らせた。

台風は確かに接近しているようだった。岸壁を離れ、防波堤を越えると、すぐに船はローリングし始めた。西表島の陸影はハッキリと見えるが、まだ遠い。

上甲板の椅子に坐る若者の一人は完全に船酔い状態にあるらしく、終始を首を下げたまま少しも動こうとはしなかった。

あと一人の若者の方は比較的元気で、あちこち歩き回っていた。石垣島から乗船したのではない私は酔いを感じながらも、ほんの一時間弱の辛抱と思い、その揺れに身を任せた。

船はタテ揺れ、ヨコ揺れを繰り返しながらも、四十七分後（十一時三十五分）、大原港に接岸した。閑散とした埠頭には船会社の男一人が、繋留綱の繋ぎ止めに来ていた。他には誰も居ない。

西表島、一日目。由布島へ

順番待ちもなく、停船して二分後、下船すると左方向へ行き、広くない埠頭スペース、すぐの突き当たりを右に行く。そして由布島方面へ向かうメインロード（県道二一五号）に出て、右折する。

その道に出て、すぐにある郵便局に入って、公衆電話から、この島にあるYHに掛け、宿泊の予約の申込みをする。

いい具合に泊まれることを確認して、西表島（この）での移動を開始した（十一時四十一分）。この大原から宿のYHのある船浦方面へと向かう（巻末資料8）。

歩いて三分程の処にあるバスターミナルへ。バスの運行時刻の確認である。

朝に一便、そして夕方近く（四時五十分）に一便あるのみで、他にはない。正午少し前の今、選

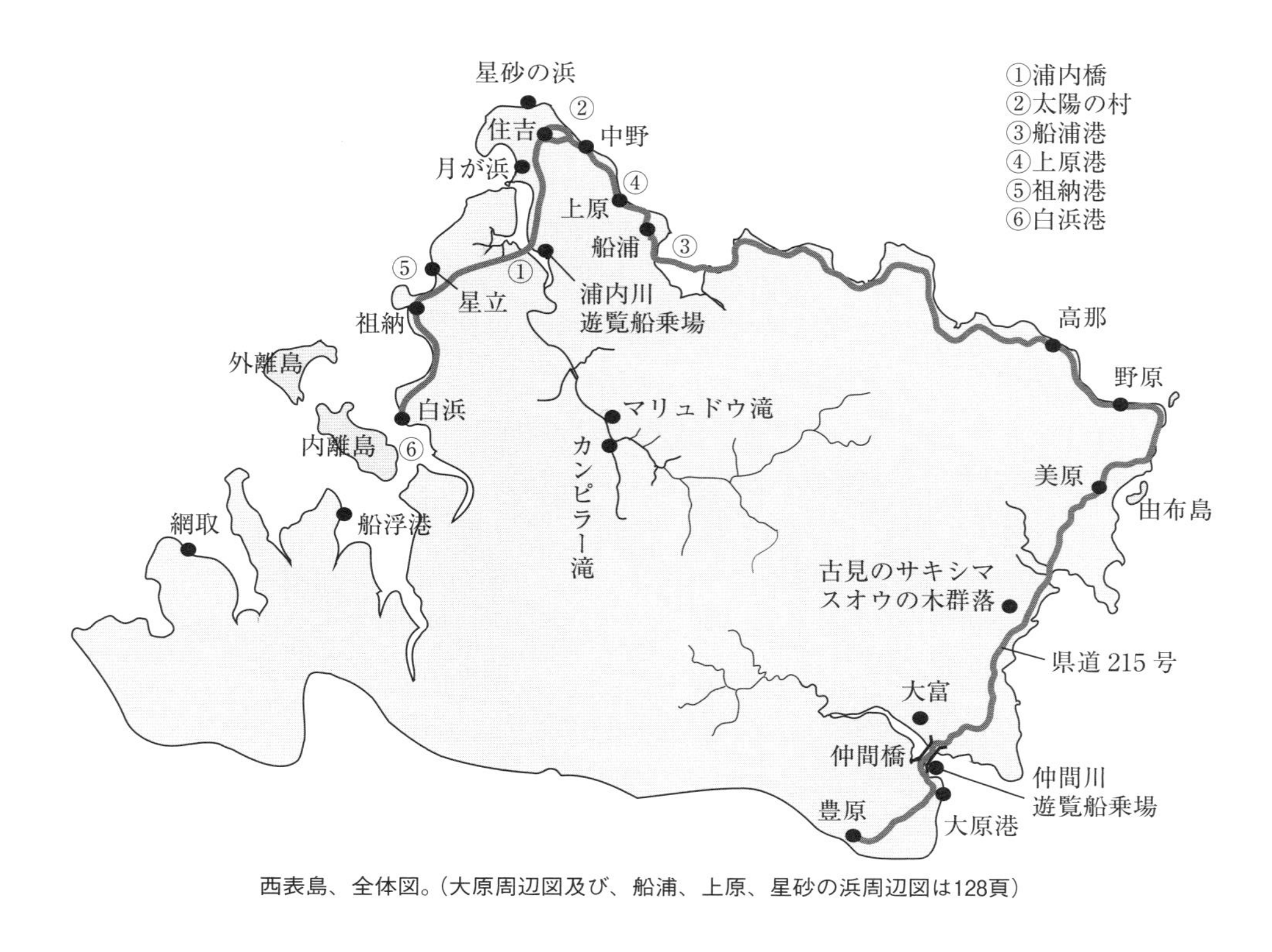

西表島、全体図。（大原周辺図及び、船浦、上原、星砂の浜周辺図は128頁）

択の余地はない。歩く以外ない。午後四時五十分発のバスを、途中で追い抜かれる際に止めれば――止まってくれるか分からないが――いいと考える。

バスターミナルにある事務所でそこに居る男の人と話す。ひどく気さくで楽しい人たちだった(二人居た)。「船浦」までにある途中の集落の様子を訊き、昼食を摂る場所を決める。

「次の部落、大富を過ぎたら、もう当分は、店のある処はないよ。大富で食べていきなさい」

「この島はやはり石垣島と比べたら、物価は高いですか？」

「そうだね。この大原、大富地区はそうでもないけれど、西部へ行ったら、いくらか高くなっているよ」

石垣島からの船は、この島には三カ所の港に着く。その「大原」と、北西部の「船浦」と、そしてさらに県道二一五号を行った、南の奥のドン詰まりにある、「白浜」という処に。

しかし「大原」のバスターミナルの男の人の話では、西表島の中心地は「大原だ」ということだった。従ってそこから離れる程、物価は上がってゆくという。どれ程の差があるのか分からないけれど、とにかく行ってみる以外ない。なぜなら、やはりこの島の多くの地に足を踏み入れたいと思っていたから。

正午ちょうどに事務所を出る。

「右へ、右へと進んで行きなさい」

と語った事務所(オフィス)の男の人の言葉通りに進む。

十分後、仲間川に架かる「仲間橋」に着く。観光ボート及び、遊覧船乗り場が、橋を渡り切る辺りの右側下に見える。

この時刻は干潮なのか、水の流れは少ない。この日のボートはすでに出払った後なのか。一隻のそれが繋がれているのみで、その周辺には誰も居ない。

「九時か十時にかけてボートは出るから、今日はもうそこにはないよ。あとはチャーターだね」

先程のバスオフィスの男の人は、やはりそのように言っていた。

橋を渡って、すぐに右側に食堂がある。このこともバスオフィスの人が言っていた。そしてやはりそこを通過して、その先にある共同売店へ行く。

「そこにカップ麺があるから、それを買って食べるのが一番安上がりだよ」

「でも、お湯代は取られるでしょう？　これまでの島ではカップ麺にお湯を入れてもらうと、二十円取られていたので」

「いや、あそこは大丈夫。ちゃんと店の中にお湯があるから」

私はそのカップ麺を購入し（百四十円）、やはり無料だったそこのお湯を注いで、また副食としての魚の缶詰（百円）を求めて、店の外のテーブルで、それ等を食して、この日の昼食とした。

共同売店を出て五分後（零時四十分）、新港川に架かる「新港橋」を渡る。そこを過ぎると、やや上り坂となる。

その後、緩い上り下りを繰り返す。「大富農園前」、同五十分、通過。

一時五分から下り坂となる。

「赤井田橋」、午後一時十分通過。同橋を渡ると上りになり、その上りは四分程で終わり（頂きとなり）、再び緩い下りになり、それが続く。

右カーブが始まると、それまで樹木に閉ざされていた視界が急に開ける。道路より下方台地に植わる樹林の頭越しに海が見える。なぜか、久しく見ていなかったものを見るような感じだ。

右カーブがいくらか左に曲がった処で、再び台地の頂きとなり、下り始める。

そして二～三分、下り切ったすぐ左側に青いプレハブ小屋が建ち、その脇奥に「サキシマスオウの木群落」への入口があった。

そこ（「古見」）への下り坂を降りていた時、私の横を通り過ぎたトラックがあった。そしてその車もまた、そのプレハブ小屋の前に停まっていた。

せっかく一人でゆっくり、その群落を見物できると思っていたのに先客が三人居る。その様子から、運転手と客のカップルのようだった。それにしては車が乗用車でないことが訝しかったが、しかし確かに送り迎えの車に、お客さんといった風だった。

天然記念物「サキシマスオウの木」、の板のような根をバックに、カップルが運転手さんに記念写真を撮ってもらっている。

カップルはそれを終えると、いくらか奥へと歩き出した。一人になった運転手さんは私に近付くと、

「どこまで行くの?」

「船浦まで」

「歩いているの?」

「ええ」

「もしよかったら、乗っていってもいいよ」

「でも……」

と言って、私はカップルの消えた方へ視線を移した。

「大丈夫、荷台の方には乗れるから」

私には正確にはどちらでも良かったが、しかしこのような好意は素直に受けた方がいいのではないかと。

「どこまで行くのですか?」

「上原まで」

そこは船浦から一つ先方の、私にとっては絶好の場所だった。しかし、

「それでは途中の、由布島の処までお願いしてもいいですか?」

運転手さんは頷くと、戻り、近付いて来たカップルに先立って、出口へと歩き出した。私も彼等の後に従った。

午後一時四十二分、その「サキシマスオウの木群落」の駐車場を発った。

由布島の入口にある看板

由布島から戻った時にあった水牛車。奥の陸地が由布島

車は当然早い。歩けば一時間はかかるところを、僅か五〜六分で走ってしまう。

由布島へとの曲がり角で、お礼を言って、そのトラックを下りる(同五十分)。

その島への海際へは、曲がり角から右方向へ、三分程歩くと着く。

そして海際から踝程の水位の、その浅瀬(干潟)を歩いて(四百メートル程)、同島へと渡る。島からは4WDの電力会社の車が水の中を来る。何かアフリカ的な光景だ。

十分弱でその島に着く。水位はずっと同じままだった。島全体が公園、植物園といった感じだ。しかし観光客の姿は見えない。いや、島内の人もこの時刻、出歩く人は居ない。このような島で老後を送れたら、暢びりできていいかも知れない。時季外れなのか、名物の水牛車の姿もない。

三十分程、同島内に居て、来た時と同じ水位の海の中を歩いて西表島側へと戻る。ゆっくり歩いても、やはり十分とはかからない(この際、先程は見なかった、水牛車が一台、止まっているのを見る)。

船浦、上原へ

再び県道二一五号に出る(二時四十八分)。そしてその道を挟んで向こう側にある集落「美原」へと行く。何か飲み物があれば買おうと思って。

しかし人家はあっても商店らしき建物はない。諦めて県道に戻り、北に向けて歩き出す(同五十六分）。もはや先に進む以外ない。

十分後、「与那良橋」。そしてその橋を渡り終えて、三分歩いた処で、後方から来た軽トラックが止まる。

「どこへ行く？」

と訊かれて、

「船浦へ」

「そこまでは行かないけれど、乗っていくか？」

と。好意は受けるべきと、乗せてもらう。

三時九分に乗り込み、三分後、その軽トラックの目的地、牧場入口に着く。「与那良橋」を渡るとすぐに、その牧場は広がっていたのだ。軽トラックはその牧場の車だった。二㎞程歩かずに進んだ。

牧場入口でお礼を言って下車すると、再び歩き出す。

地図にはある、「野原」も「高那」という集落も、県道近くからは確認することはできない。暑さと、喉の渇きで――昼食時に水分を摂ってから三時間近く（汗をかなりかいているのに）、それを摂取していないこともあって――、かなり辛い徒歩行になっている。来る車があるようなら、今は積極的に止めようと思うが、それは全く通らない。ただ歩くのみだ。

「船良橋」（三時四十三分通過）、「西船良橋」（同四十六分通過）、「平川橋」（四時通過）、「高那橋」

（同十分通過）。

さらに三十分後、「由珍橋」通過。道は両側が樹木に閉ざされて、海側も内陸側も、その先は見えない。小さなリュック（デイパック）だが、一時間半以上も歩いていると、その重さは肩にのし掛かってくる。

後方から乗用車が来る。しかしヒッチハイクの合図の手は挙がらない。やはり乗用車は苦手だ。

五時二十分を少し過ぎた時、道路右側にこんな場所には不釣合いな、「赤い公衆電話」がポッンと置かれている。そんなものでも、人工のモノを見ると元気が出る。

少し歩速が早まった処で、後方から車の音がする。振り返って見ると、乗合バスだ。

私は手を挙げて、合図する。

「石垣島ではバス停でなければ止まってくれなかった」

と言うと、

「ここではどこでも大丈夫。手を挙げれば、喜んで止まるよ」

と、やはり「大原」のバスオフィスに居た男の人は言っていた。その言を信ずるか否かは別としても、とにかく今は止める行為を起こさなければならない。このまま歩き続けるのは、今日の宿を探す（一応、ユースホステルを予約してあった）のも大変なことになる。

片手を振って、そして路傍によけて、バスの止まるのを待った。バスは私の処を数メートル走り過ぎて止まった。

ホッとする。バスは私を乗せると、すぐに発車した（五時二十六分。牧場入口で下車し、歩き出してから二時間十五分程が経っていた）。

乗客は三人。そのうちの一人はバス会社の人、お金を払って乗っているのは私を入れて、三人。この島内バスは、距離の割には比較的安いように思える。

バスは乗った処からさらに十分走って、やっと「船浦」に着いた。歩き続けていれば、まだ二時間以上はかかっただろう。乗客の二人はここで下車し、車内に残ったのは、私とバスの会社の人だけとなった。

私はその後ゆったりとして、足を休め、ただ揺れに身を任せていた。

「船浦」から「上原」は二〜三分、その間には家並も増えてくる。あるいはこの「上原」が、西部地域では最も繁華な処なのかも知れない。

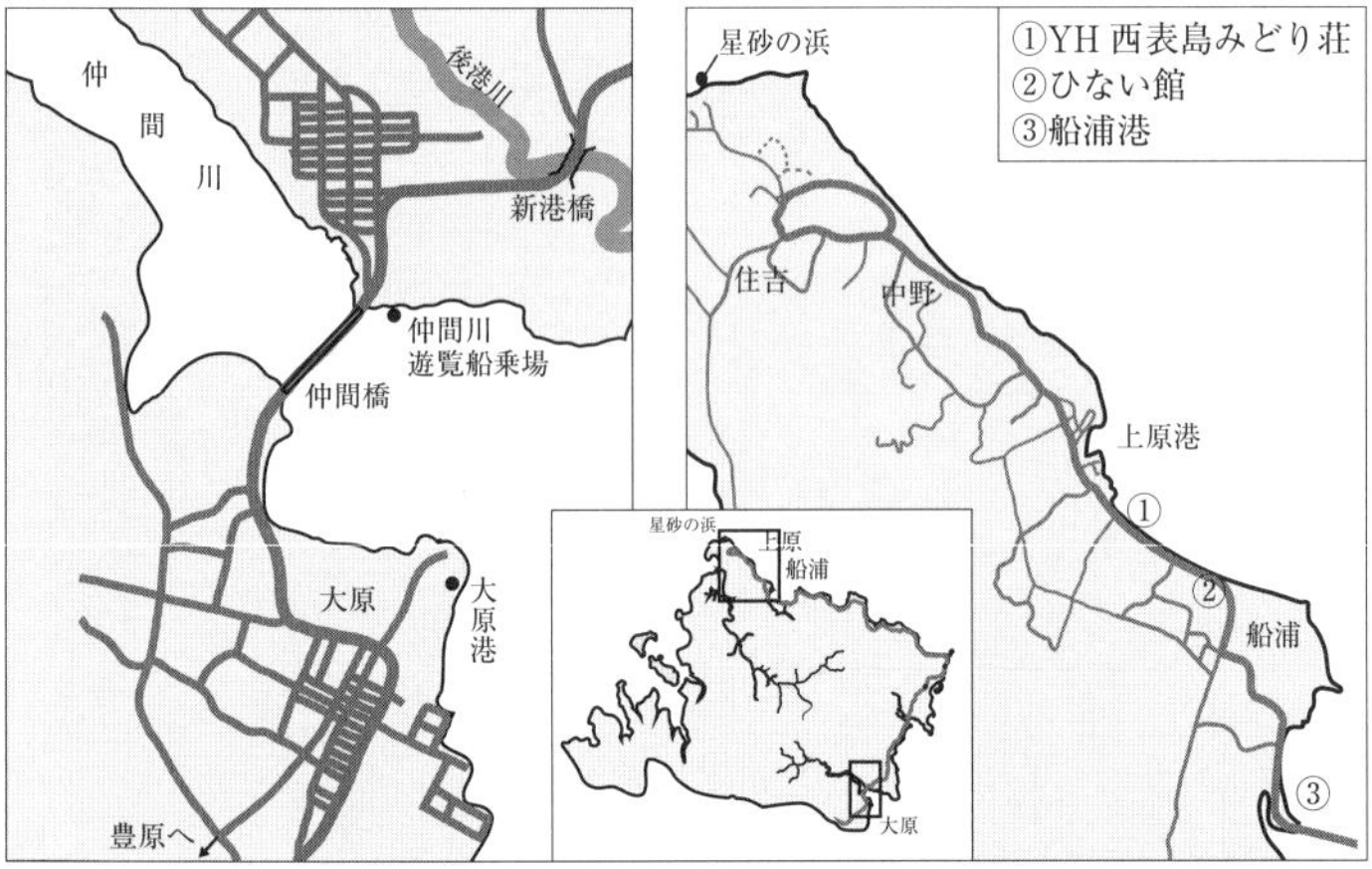

大原周辺図及び、船浦、上原、星砂の浜周辺図

バスを降りると（料金は二百四十円だった）。真っ直ぐ予約した宿に向かった。

下車して二分でその宿、ユースホステル「西表島みどり荘」はあり、西表島一日目の夜を迎えた。

予約してあったので、到着して荷を部屋に置くと（六時十分）、すぐに夕食（を依頼していた）となった。

そしてそれを終えた後、長い徒歩行の疲れもあったが、今日のホステラー（宿泊客）は私一人ということもあって、少しその食堂でヘルパーの子と話し込み、就寝は十時三十分だった。それなりに動いた一日は終わった。

西表島、二日目

翌朝（九月九日、水曜日）、やはり台風の影響を受けていることを知る。石垣島からこの島の大原に入る予定だった観光客のチャーター船が、「入港しない」と言う。それは連動する形で、仲間川や浦内川の観光ボートの運行にも影響を及ぼした。

今日私も、ここ「上原」から比較的に近い浦内川の観光ボートに乗る予定だったのだが、それは「運休」と知らされて、私の予定も変更を余儀なくされた。

但し、島内の天候は悪くない。歩いて県道二一五号の行き止まりの「白浜」へ行くことにする。

十五㎞程である筈だから、歩くのにはちょうどいい。

その前に……。

昨夕方、この「上原」に着いて、この集落を見ていない。それでこの集落近くの浜辺と、そして上原港、船の着く埠頭辺を見る為に、宿を七時四十五分に出て——今朝の朝食は頼んでいない——、そこへと向かう。

まず「野崎橋」を渡って、「ひない館」の前を通り、そこからすぐ近くの浜辺へ行く。

次に、ＹＨ前に戻ってから（八時十五分）、埠頭へと歩む。八時二十分から五分程その船着場辺を見て過ごし、堤防に沿って歩き、九時三分に一旦、宿に戻る。

小休止後の同二十分、動き出す。

宿を出て十八分後、小・中学校前に来た時、後方からやって来たヘルパーの女の子が運転する宿の車に拾われる。宿を出る時、「白浜へ歩いて行く」と伝えていたので来てくれたのだ。

その車で、「星砂の浜」へ降りる処まで送られる。二分間の車中だったが、その親切は嬉しかった。

九時四十一分、そのバス停前で下車する。但し、そこへのビーチへは行かず、「白浜」を目指して歩き出す。

同五十一分、「住吉」入口通過。同五十五分、「月が浜ビーチ」入口通過。十時十二分、「第二浦内橋」を渡る。

観光ボート発着場辺から、浦内橋を望む

そして同十八分、「浦内橋」に着く。普段ならこの橋際から少し川に沿って歩いた処にある、発船場から観光ボート（遊覧船）が出て行く。しかし今日はそこには何もない。何もない（遊覧船も人影も）そこに、十数分居て、そしてその橋際に戻って、同橋を渡る。かなり近代的な橋だ。赤く塗られたそれが美しい。

次の集落の「星立」には、二十二分で着く（十時五十四分）。集落内に入って、海辺に出る。その海辺で暫し（十一時五分まで）、休憩する。

与那田川に架かる「与那田橋」は、「星立」と「祖納」をつなぐ間に架かる。同橋を十一時九分に渡ると、三分後に西表小・中学校前に至る。つまり「祖納」に入ったのだ。「祖納」には小綺麗な建物が多い。そこにあるスーパーマーケットに入って休憩する。まだ午前中、ゆっくり進んで行けばいい。

十分休んで再び動き出す。すぐ近くにある測候所前を通り、同二十八分、「祖納漁港護岸工事」現場を見る。二～三分そこに居て、同四十分、「美田良橋」に至る。

アラバラ川に架かる同橋を渡ると上り坂になり、登り切ると漁港護岸工事の作業道の入口があり（同五十七分）、そこからは下り坂となる。

下り切ると海に面した「白浜」の集落がある。「祖納」の漁港護岸工事場からは歩いて四十分程（午後零時十分）であった。

下り切った突き当たりを左に行くと、小・中学校、右に行くと、大原、船浦からのバスの終点がある。その駐車場の先方に、「船浮」、「網取」方面への船乗場がある。

近くにある商店の入口のガラス扉に、船浮方面への連絡船の運行時刻が書いてある。しかしその時刻通りには動いていない。客が居ないのに動かす程、その船は公共性をもってはいない。一度その船はやって来たが、

「今日はもう白浜には来ない。チャーターは二千円」

時刻表によれば一日三便（朝一便、午後に二便）あるように書かれているので、午後一時前の今、本来ならその船便はあるのだが。

乗ってしまえばここ「白浜」から「船浮」までは十分程の距離だが、陸道がない。そこへは船を利用するしかなく、かと言ってたった十分の為に、二千円という金を出す気はなかった。

埠頭の岸壁では男たちが釣りをしている。また投網をして小魚を獲っている。彼等の風体はフィリピンとかタイの男たちといった感じだ。それもあってか、私には何か異国に居るような気がした。

獲った小魚を素手で頭、内臓を取って、そして丼に入った醤油を付けて食べていた。彼等の顔はどの顔も赤銅色をしていたし、その表情は何と言ったらいいのか、生の人間以外の何物でもなかった。

しかし、その「白浜」での船着場辺での時間を含めた二時間程は、とても楽しいものだった——小・中学校前にも行ってみたし、その先の道の行き止まりまでも……。そして、商店に戻って、昼食のカップヌードルも食べていた。

「船浦」行きのバスはあと一時間以上しなければ出ない。それで再び歩いて「上原」へと戻ることにする（二時二十五分に「白浜」を発つ）。

集落を離れるとすぐにある坂道を登り歩いていると、後ろから来た一台の車が止まってくれる。「白浜」の旅館の人たちの乗る乗用車だ。その村を離れる少し前、その旅館の前でその女の人二人は、私を見ていた。しかしまさか女の人の乗る車が止まってくれるとは思っていなかった。素直に後部座席に乗り込む（同三十二分）。

「祖納」、「星立」を通過し、十分程走って、「浦内橋」を越える。歩けば一時間以上かかる。同橋を越えて少し走った処で止まる（同四十三分）。その車は道の右側にあるレストラン「グリーンスポット」に用事があった。

「あとは歩いて下さい」

運転していた女の人が言う。私はお礼を言って下車すると、先方へと歩き出した。

四分後、「第二浦内橋」を渡る（二時四十七分）。

そこから三十五分後、「住吉入口」のバス停に達する。そこの処に「太陽の村」という看板が出ていたので、県道を離れて、その「村」を見るべく、左に折れて行く、すると一分も歩かぬ処に、その「村」はあった。その辺りには小綺麗な建物がいくつもある。来る時、通らなかった道を半円を描くように歩いて行く。

「太陽の村」の建物群から十分程歩くと、「住吉」に着く。その辺りにも、多くの民宿やペンションがある。そして再び県道に出ると、そこに「住吉」と書かれたバス停があった。

「星砂の浜」バス停

「浦内橋」で下車してから一時間近く経っている（三時四十一分）。

「住吉」のバス停から十二分程で、「星砂の浜」バス停に着く。

星砂をお土産に持って帰ることも、この沖縄旅行の大きな――十年程前に初めてこの島に来た折に（土産物屋でそれを求めて）、やはりその砂を持って帰っている――目的の一つだった。小さな姪や甥たちにプレゼントする為だ。

そのバス停から坂を下って五分程、同浜辺へと降り立つ。

浜そのものは想像していたものと違って（十年程前の旅行時には、ここには来ていない）、あまり「素敵」と言える風には見えなかったが、しかし確かにそこには星の形をした砂があった。

用意して来たビニール袋にその砂を入れる。

四十分程そこに居て（四時三十三分）、宿へと戻って行く。

今度は坂を登って、上原方面への曲がり角、「星砂の浜」バス停には十分程かかる。そこからさらに十分程で「中野」に着き、一本道（県道）を行く。歩く人間は勿論、私以外には居ない。

「中野」から「上原」まで二十分。宿には上原地区に入って二分後の、五時十七分に入る。朝出てから八時間程動き回っていたことになる。それなりに納得のゆく一日が過ごせたと思う。

楽しい時間

この日も宿泊者は私一人。夕食を、宿泊者が私一人ということもあって、そのヘルパーの女の子（ミホさん、という）と食べる。ユースホステルの人たち（経営者）はこのことをあまり快くは思っていないようだったが……。

ミホさんとは昨夜の夕食のあとに、少し話し、そして今朝も、観光ボートのことを——結局台風の影響でそれは出ることはなかったが——話していたし、加えて今日の行動に移って、「白浜」への徒歩行に歩き出した時に、後方から車でやって来て、（先程の）「星砂の浜」への降り口の処まで送ってくれていた。とてもこちらに気遣いをしてくれていた。

『やさしい人だな』

私はそう思っていた。だから改めて少し話してみたいと思っていたのだ。だから、

「よかったら、一緒に食べませんか?」

と伝えたのだ。彼女は昨夕食を一人で、同じこの食堂内のテーブルで食べていたのを見ていたからだ。

「ユースでの仕事が済んだら来ます」

私が食べ始めて十分後、彼女は自分の食べる料理のお皿を持って、私の席の前に坐った。

彼女の食べる物は、私のメニューと殆ど同じだ。ただメインの揚げ魚が私のより小さいだけだ。こんな風にして食事をするのは久しぶりだ。若い女の子と、たとえ状況はどうであれ……。加えてその相手が話し易いとなれば、食事もおいしく感じられる。

彼女、ミホさんは茨城から来ている。学校を卒えて、今は実家で、家事手伝いをしているという――この宿には夏の繁忙期の、期間ヘルパーとして来ている。

私たちはこの島のことや旅行の話をしながら、その時間を送った。この間、しかし電話が鳴る度に、中座してそれのある処へと急いで行った。彼女は全く、ヘルパーとして充分な働きをしていた。

八時頃に掛かって来た電話は、近くの店で働く彼女の友だちからだった。テーブルに戻って来ると、

「スズキさんはいつも何時頃、寝ますか?」

「旅行中は大体九時半から十時頃ですが……」

「今日、少し遅くなってもいいですか?」

「……」

「今の電話、Hちゃんからで、お店がヒマだから遊びに来ないか、というものでした。もし良かったら、一緒に行きませんか?」

私はその少し前にHちゃんの話を聞いていたので、一緒に行ったら悪いのではないかと思った

が、この島での思い出になればと思い、

「私は構いませんが、でもHちゃんは私が行くことを知らないですよね。そのことは大丈夫なのですか？」

Hちゃんはやはり西表島に旅行に来て、ミホさんの居るこのユースにも泊まり、一週間程滞在したという。

この島が気に入ったようで、離島をせずに、近くにアルバイト先を見つけて働いていたのだった。私がいくらか躊躇（ためら）ったのはHちゃんが男性だったからだ。たぶん彼が誘ったのは彼女一人で居ると思ったからだろう。一人で来るものと思っている処へ、私などが一緒に行ってもいいものだろうか。

私たちは八時半少し前にHちゃんの店（居酒屋）へ行き（ユースから歩いて二〜三分の処にある）、三時間程をその店で過ごした。Hちゃんは良い人で、突然の私の訪問にも嫌な顔をせず、もてなしてくれた。

しかし私はなるべく二人の会話を妨げないように努めた。Hちゃんは私たちが行って三十分位したあとに入って来たお客の注文をこなすべく忙しく働き出した。

ミホさんとHちゃんと、そして今はもう居ないが、一週間程前まで居たというBちゃんとTちゃんとを加えた男女二人ずつの交流は、彼女の話からだけでも、とても楽しいもののように思われた。それぞれの青春の一コマが確かにあったようだ。

Hちゃんの店を出る時（十一時四十分）、外は雨だった。私たちは濡れながら、小走りに宿へと戻った（同四十二分）。

西表島から竹富島へ

翌朝七時過ぎ、ミホさんが、部屋の扉を敲く音で目覚める。昨夜、宿に戻り別れる前に、安全の為に頼んでおいたのだ。私はやはり熟睡していた。その音がなければ、いつまで眠っていたか分からない。

昨夜までの予定ではこの朝、八時半発のバスで「大原」へ行き、午後二時半の船で竹富島へ行くつもりだった。しかし「大原」に着いてから、船の出るまでの時間があまりにも長過ぎ（四時間以上）、「大原」行きを取りやめた。「船浦」発の船なら、午後三時発のに乗ればいい。

それまでの時間を休息に当てたかった。もしそれだけの時間があるのなら、ミホさんとも話す機会もまだある筈だった。いや案外そのことが、「大原」行きを取りやめた一番の理由なのかも知れない。

「今日は観光ボート出るよ」

という宿の主人の言葉に一度はそれに乗船するよう、心は動いたが、結局はそうはせず、ユースホステルの食堂のテーブルの上で時を過ごした。何もせず動かぬ時が、一週間に一度位はあっていいと思う。

午後、仕事を終え、昼食も済ませたミホさんがテーブルを挟んで私の前に坐った。彼女の手には鉛筆と白い紙が握られていた。彼女は絵がとても上手だった。可愛い絵を描いた。彼女の内にある少女の心が、今も続いているのかも知れない。

私はノートを出して、少し書き物をしている。向かい合うように坐っているが、二人の間に言葉は殆どない。


二時少し過ぎに宿を出る。三時発と聞いていたが、早目に出る。宿から「船浦」の船着場までは、歩いて三十分程かかる。三十分前にそこに着いていてもいい。ミホさんは宿の前で見送ってくれた。こんな見送られ方をするのは、それこそ十七年前（一

ユースの食堂の椅子に坐るミホさん

九七〇年）の東北、田沢湖（ユースホステル）以来かも知れない。

十分程歩くと、後方からクラクションの音がする。そしてその車は私の横に止まった。ミホさんの運転する宿の車だった。彼女は船で運ばれて来る彼女宛ての荷物を取りに行くところだった。便乗させてもらう。

免許を取得して三カ月という運転はぎこちなかったが、しかしここは東京のような都会ではないので問題なかった。それに運転は慣れだから、ここで毎日運転していたら、それも安定してくるだろう――免許取り立ての頃は誰だってぎこちないものだ。

車だとその道も二分で、船着場に着いた（二時十四分）。石垣島からの船はちょうど入港したところだった。

下船客は降りて、そして運ばれて来た荷物は陸揚げされていた。荷物の送料は「無料」という。ただそれを依頼する者は、それぞれにその荷物を船着場に持って行き、あるいは船着場に取りに来なければならない。

ミホさんも船着場に置かれていた、いくつかの荷物の中から彼女宛てのそれを探し出した。私は乗船予定の「安栄丸」の事務所に入って、三時発の石垣島までの乗船券を購入していた（二千円）。三時までには、まだ時間があった。

「Hちゃん、どこに居るかしら」

Hちゃんは午前中にYHにやって来て、

「その時刻頃は、釣りをしている」

と言っていた。そしてまだ釣りをしている筈だった。私たちは彼が居るであろう防波堤を歩いて行った。

Hちゃんは予想通り、船着場を背にするような形で釣りをしていた。

「Hちゃん、Tちゃんがこの島を離れる時、岸壁から海に飛び込んだの。そしたら、Tちゃん、感激して、涙流したのよ」

彼女等の今夏（なつ）（八月）を私はいくらか羨ましく思った——確かに若者の青春だろう。

十五分程居て、防波堤から船着場に戻る（二時五十分）。

戻ると、乗船は開始されていたので、私も短いタラップを歩き、乗り込んだ。

そして三時ちょうど。

「安栄丸」は石垣島に向かって、「船浦」の波止場を離れた。ミホさんは手を振って見送ってくれた。私もまた船上から彼女に、少し頭を下げて手を振った。知り合って二日。しかしその時間は、西表島での良い思い出として残った。

西表島を離れて三十五分程、「安栄丸」は防波堤内へと入って行く。しかし石垣島の見慣れた埠頭とは違う。

「どこですか?」

操舵室に居る男に訊く。

「竹富島」

私はそれを聞いて下船することを告げる。石垣島に戻って、竹富島に行くつもりだったが、幸運にもその手間が省けた。

船は接岸すると、私の前に女の子が先に二人、下船した。いや正確に言うと、その女の子が居たから、この船はこの島に立ち寄ったのだった——同島・東桟橋（船着場）に下船後に聞けば、この船は石垣島↕西表島への場合、頼んでおけば、往路でも竹富島に立ち寄るとのことだった。そのことを事前に知っていれば、今回、私も西表島↓竹富島間を選んでいただろう。そうすれば、もしかしたらその運賃は、石垣島までの料金よりいくらか安かったかも知れない。マァ仕方ないと思い、得心する。

竹富島、一日目

下船後、東桟橋の船着場を出て（三時三十九分）、一本道を進んで行く。この島にも、一九七二年の沖縄の日本復帰の翌年に来ているが、殆ど何も覚えていない。印象に残っているのは、ただ海の水が綺麗だったということだ——どこに何があったとか、どの道がどうだったか、とかは十年以上前のこと故、ほぼ記憶には残っていない。

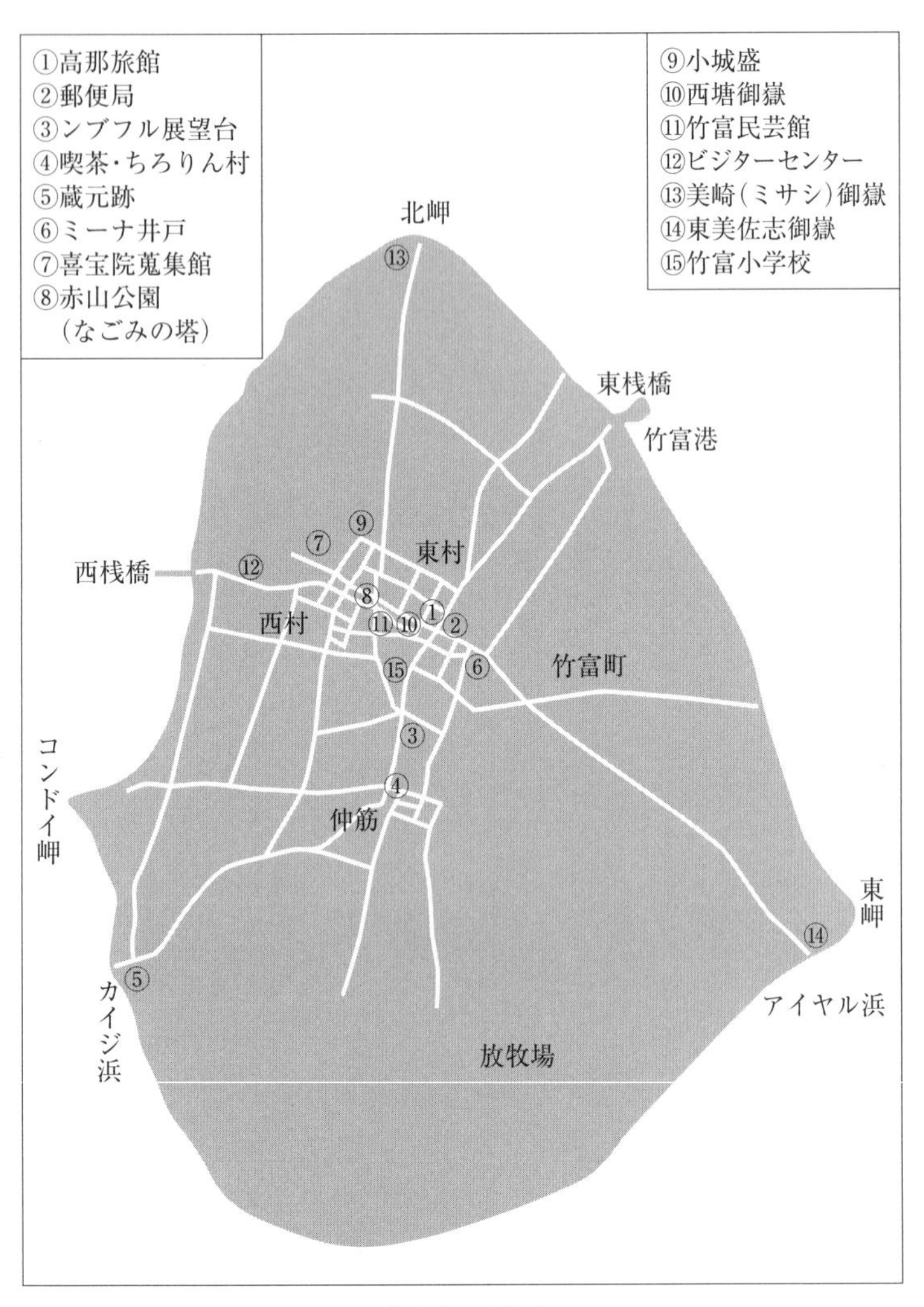
①高那旅館
②郵便局
③ンブフル展望台
④喫茶・ちろりん村
⑤蔵元跡
⑥ミーナ井戸
⑦喜宝院蒐集館
⑧赤山公園
(なごみの塔)
⑨小城盛
⑩西塘御嶽
⑪竹富民芸館
⑫ビジターセンター
⑬美崎(ミサシ)御嶽
⑭東美佐志御嶽
⑮竹富小学校
北岬
東桟橋
竹富港
西桟橋
東村
西村
竹富町
コンドイ岬
仲筋
東岬
カイジ浜
アイヤル浜
放牧場

竹富島、全体図

船着場から十分程で最初の集落(東村)に着く。そこにある「郵便局」の前に、宿となるYH「高那旅館」(巻末資料9)があった。

予約してあるので泊まることができる。小休止したあとの三十分程後(四時十七分)に、早速島内見物に出て行く。午後六時(夕食時刻)までにまだ二時間近くあるので、有効に使いたい。この島にも二泊の予定なので、本格的に動くのは明日ということになるが。

今(九月十日、快晴)、この島の午後は無音に近い。その無音の村内へと歩き出す。動いているのは観光客ばかり。自転車で巡る者ばかりだ。今、歩いて見物しているのは私だけだ。

島内観光用の「有償運送」と書かれたマイクロバスが数台、道に駐まっている。このような小さな島だから許可された職業なのかも知れない。

営業で人を乗せるからと言って、その運転手達が「二種免許」を所持しているかどうかは分からないが、しかし、もし所持していないとしても、それはそれでいいと思う。現実には何の不都合――車そのものが、殆ど走っていない――もないのだから。

この島での目的の一つに、十四年前に来た時に撮った写真に写っている子どもを探すこと。

撮影場所はすぐに見つけられたので、その周辺にある家の人に訊けば、それなりの情報が得られると思えたのだが、二人の人に(勿論大人の地元の人に)問うたのだが、「知らない」と言う。

手掛かりとなることを言う人も居ない。十四年という歳月はこんな小さな島でも、長い年月だったのだろう。

それで年老いた人にも問うてみたが、やはり分からないと。老人故に視力が衰えていて、写真がハッキリ見えていない、ということも考えられたが。

その写真を撮った、ほんの狭く小さな「ンブフル展望台」の近くに、その子どもを知る者が居なかったことが、すでに探索を困難にするものだった。

同展望台を出ると、「喫茶・ちろりん村」前を通り、「蔵元跡」を行き、「皆治(カイジ)浜」海岸に出て、その海岸伝いに北方向へ歩き、「コンドイ岬」に五時十四分に着く。そこに十五分程居て、帰路につく。

岬（海辺）を出て、少し行くとある十字路を真っ直ぐに進む。そして数分後、三叉路があり、そこを左折する。

そして十分後、道は突き当たりになっていて、そのT字路を右折して、ゆっくり歩いて、集落中心部に入って行く。

五時四十六分、「赤山公園」に着き、そこの展望台（「なごみの塔」）に上がって島の家並を眺める。今は他に観光客もなく、ゆっくりとそこに居ることができる。とにかくこの小島は静かだ。

五時五十六分、同公園から三分で宿に戻る。

宿の夕食を食べて、この日を終える。

竹富島、二日目

ＹＨを八時三十九分に出て――因みに、この宿では朝食を頼んでいないので（一泊、夕食のみで、二千二百円）、久しぶりに八時過ぎまで眠っていた――、すぐ前の「郵便局」に入り、二人の知人に絵ハガキを出したあと、島内見物へと動き出す。

「郵便局」から東方向に歩いて三分後、「ミーナ井戸」に至り、そこで三分過ごし、さらに同方向に進んで、九時七分、「アイヤル浜・星砂の浜」に着く。

同浜に一時間以上居る。ただただ暢びり怠惰に過ごす。

同浜のすぐ近くにある、「東美佐志御嶽」をのぞく。

十時二十五分、同浜に戻り、浜伝いに北方向へ歩き、十一時ちょうどに昨日、西表島からの船が着いた東桟橋に行き着く。同桟橋で十分程過ごし、十一時二十一分、一旦ＹＨに戻る。

同三十六分、島内見物に――そして再び、十四年前の写真の子ども探しに――歩き出す。

一分後、宿近くにある、「八重山フェリー代理店」に入る。明日の石垣島への船便の確認をする。

午前九時二十分発で、運賃は四百九十円と知る。

そのことを頭に入れると、同オフィスを出て、「ンブフル展望台」へと向かう。

四分後、私は一層、建て増しされたその展望台（十四年前のガイドブックでは、「ンブフルの丘」

竹富島、東桟橋の光景

と記されている。この島の最高所で、標高四十九メートル。昔は「見張所」だったとも）に立って、その当時のことを憶い返した。そして同じ位置から写真を撮って、道へと降りた。

その後、昨日に引き続き、写真の子どもを探したが……。

昨日以上に多くの人に訊き回ったが、結果は同じだった。三十分程、その展望台周辺の民家の人に訊き回ったが、知る人は居なかった。ただ、一人の婦人から、

「西部落に居た、くみこではないか」

というのが唯一の手掛かりらしいことだった。しかしその婦人は続けて、

「もう石垣に行ってしまって、今は居ないけれど」

ということで、その手掛かりさえも、そ

れ以上、遡ることは出来なかった。それでその子ども探しを終えた。

零時二十八分、同展望台辺を離れる。「喫茶・ちろりん村」角を通り、集落の中心部に戻って行く。

同四十九分、日本最南端のお寺、「喜宝院蒐集館」（巻末資料10）に入り、そこを見学する。入館料百五十円を払って、三十分程収蔵品を、また付設してある、小さな「動物園」を見て過ごす。

午後一時二十分、同館を出て、その後もガイドブックにある見所を見て回る。「小城盛」（石を積み上げて造られた「物見所」）→「西塘御嶽」・「竹富民芸館」。

そして先程訪れた、宿近くにある、「八重山フェリー代理店」へ行き（同五十三分）、明日の石垣島への船便、そしてその石垣島から沖縄本島・那覇への船便のチェックを改めてする。すでに石垣島には二泊しているので、今回はそこには泊まらず、そのまま乗り換えて、本島へと向かうつもりだ。

同オフィスで確認すると、（先程伝えられていた）竹富島発は午前九時二十分で、石垣島には十分から十五分で着くとのこと。そして同島から本島への便は午後零時発。予定では那覇到着は翌朝の七時三十分（宮古島を経由して行く）。

これらのことを聞いて、そこを出て、もう一度「ンブフル展望台」に登って、十五分程過ごしてから――勿論そこにはこの時にも、私以外誰も居ない――、一旦帰宿する（二時二十四分）。

二十分程休んで、再びこの島最後の見物に出て行く。

1987年９月「ンブフル展望台」からの眺め

1973年９月に少女と撮った「ンブフル展望台」にて。(この少女を探していたが……)

「西塘御嶽」→「赤山公園」前を通り、西集落(西村)に入って、同五十八分、「ビジターセンター」に入館する。島の特産品の「ミンサー織」の「帯」や「ベルト」や「小物入れ」等が、製作・展示・販売されていた。

三十分程「同センター」に居て、次に「西桟橋」に向かう。そして三分後に、その桟橋に着き、桟橋から浜へ降り、浜辺伝いに北へと歩いて行く。

三時三十七分、「布さらし」をしている処を見る。そしてさらに浜伝いに暢びりと進み、北岬には四時二十八分に着く。そこからすぐ近くにある「美崎御嶽(ミサシ)」を見て、同岬を五時十分に出る。やはり、ゆっくり暢びり歩いて十三分後、「小城盛」前を過ぎる。さらに真っ直ぐ進んで、「竹富民芸館」の前を行き、少し歩いて、宿に向かう三叉路を左折する。

二十分後(五時半)、宿に戻る。この島での予定を終える。

九月十一日、金曜日。竹富島二日目(日記より——午後六時十八分より記入)。

この島での時間も終わった。あとは明朝の船に乗って、石垣島に戻り、そしてその日の昼前の便で那覇へ向かえばいい。あと二回船に乗れば、那覇であり、さらに一回乗って、五十数時間後には東京に着く筈なのだ。

八割方、この沖縄での日々も終わった。それなりに楽しい日々だった。特に一昨日、昨日と西表島での数時間は思い出となるものだった。あるいはそこでの数時間がこの旅行の一番のことだったのかも知れない。

さて、今日、十四年前に撮った写真の女の子を探して歩いたが、残念ながら、知っている人は居なかった。こんな小さな島で、人口だって数百人単位（三百人程）であるのだが。

その撮った展望台近辺の人に尋いても、正確なことを言う人は居なかった。確かに十四年の歳月は長い。

お年寄りなら、もしかしたら知っている人も居るかと思われたが……。都会の同年齢の人たち（五十歳以上）に比べると、たぶん老いも早くに――視力や聴力に――訪れるのかも知れないと思われた――純朴な人たちだからこそ尚更に。

その展望台の周辺にある、四～五軒の家に尋ねただろうか。そして何人の人に、問うただろうか。答えは、

「分からない」

というものだった。ただ一人の女性が、

「西部落に居た、くみこちゃんではないか」

と言ったことだけが、唯一の手掛かりだったが、しかし、

「その子は今は石垣島に引っ越している」

と。そのことを聞いてこれ以上の探索は不可能と思う。いつ引っ越したのかは分からないが、その写真を撮ってから大して間をおかず石垣島に行っていたら、その子のことを知らない島民が

多いのも当然のことだ——西集落に行って、そこに住まう人に尋ねても、知る人は居なかった。もし今もこの島に住んでいれば十七・八歳になっているのだろうが、当人が居なくても、もしその家族が居れば、その写真を渡そうと思っていたのだが……。

このような小さな島でも、他人には無関心という感じはあった。これもまた時の流れということか。

この宿、旅館兼営のユースホステルなのだが、昨日は五人が居たが、今日は今のところ私一人のようだ。このまま誰も来なければいいのだが……。マァ部屋そのものは三〜四つあるので、一人二人増えても、一人部屋を使うように宿側がしてくれればいいが……。とにかくこれ以上宿泊者が来なければいいと、勝手ながら思っている。

十四年前、その写真を撮った展望台は今もあった。しかし記憶は薄れているが、当時は今よりももっと、その周辺には何もなかったように思われている。

その展望台の近くに、今は、一九七六年に石垣島から海底を通して引いた水道のそれを記念する、「水道記念碑」があるが、当時はその周辺には何もなかったし、「土産物屋」のような建物もなかったように思われている。全くあの当時のイメージとは違うのだ。この展望台にしても、当時は登るのに金を払った記憶はないのだが、今回は二百円を取られた。

その展望台への登り口（一階）の処に人が居て（住んでいる人）、その料金を徴収された。十四年前も一階は民家だったのだろうが、料金を取られた記憶はない。たまたまその家の人が不在だっ

1973年に竹富島を訪れた際に宿泊した民宿の中庭・建物前にて、7名（前列左から俵さん、橋本さん、田中さん。後列左から著者、井上さん、横井姉妹）。

たのかも知れないが、その展望台への階段口は開いていて、そこへと登ることはできた。

十四年前にここに来たのは、当時この島に一緒に来た西表島で会った旅行者（学生の田中さん）だったと思われるが……。その彼にその少女との写真も撮ってもらったのだろう。

たぶん当時の宿は今回のユースホステルではなく、どこかの「民宿」だったように思われる――西表島からは、そこで会ったその田中さんの他に、さらに五人（計七人）と、この竹富島に一緒に来ていた――。十四年前のことをあまり考えずに――その少女を探すこと以外には――、この島に来ていたので、その泊まった宿のことは思い出せない。

そしてまた、たぶん、船の発着する桟橋の周辺自体も大きく変わっているように思えている。沖縄の島々は十年も過ぎれば、かなり変わってしまうのも当然のことだろう。

さて今夜も早く寝て（昨夜は八時少し過ぎ）、明朝は、今朝よりは早く起きよう。

（六時三十五分、記入終了）

石垣島→宮古島経由、沖縄本島へ

九月十二日、土曜日。

午前七時二十分、起床。

石垣島への船の出発時刻は九時二十分。それまで時間もあったので、「民芸館」に改めて行ってみる（八時十五分だが、開館している）。昨日も入ってみたが、今日もその内に入って——入館は無料ということもあって——、少し時間を潰す。

そして八時四十分、宿に戻って荷物を取ると、五分後には宿を出る。暢びり歩いて、九時三分前に東桟橋・船着場に入る。

船はすでに碇泊していたので、乗船切符を見せて、その船に乗り込む。

そして、定刻に「八重山観光フェリー」社の船、「はやぶさ」は竹富島を離れた（巻末資料4-B）。

十三分後、石垣島に接岸する。下船する。この島から本島・那覇への船切符はすでに持っている。往復切符を買っているからだ（巻末資料5-A）。その切符の発行会社「琉球海運」のオフィスに行き——正確には、そのオフィスに行く前に、四十分程、船着場周辺の店屋を覗いたりしていた——、そこへの今日の船便の確認をする。

「午前十一時半発」

と言う。その船（「ぷりんせす　おきなわ」五千トン）は途中、宮古島に寄港する。予定では夕方四時半着で、宮古島発は夜七時半とのこと。このことを知ると——同オフィスには十五分程居る——、船着場へと戻る（十時五十分）。石垣島はこの旅行で、すでに二泊しており、見物する処もないので、船の出発時刻までの一時間程をその待合室で、持参の本を読んで過ごす。

この間、その待合室で波照間島で知り合った、台湾経由で沖縄に来たというKさんと再会した。彼も同じ船で那覇へ向かうという。

石垣島発、定刻より一時間二十分程遅れた零時四十八分。マァこれ位の遅れは船の場合、そしてここ沖縄の場合、大したことではない。ただ……。

船は予想以上に揺れた。台風の影響がまだ残っているのだろう。

私たち三人は（他に、竹富島の宿で一緒になった学生のMさんが居た）時々会話をし、そしてその殆どの時間を横になって過ごした。揺れる船中では寝て過ごすのが一番だった。

波に翻弄されたが、いい具合に、実質の乗船時間は予定より遅れることもなく、船は約五時間後（五時四十分）に宮古島の平良港に着いた（時刻表的には、宮古島着は五時だった）。この島では、スケジュール的には二時間程（発時刻は八時）の停泊である。船内放送でも、

「八時出港」

と伝えていた。マァ、見知らぬ夜の町を、あっちこっちと歩いていても仕方ないので、それだけの時間があれば充分だろう。

私は学生のMさんと船着場を六時には離れ、平良の町を歩くことにした。Kさんはこの島に居るという知り合いに会う為に、私たちより少し前に下船していた。

私たちに目的地はない。ただこの町を歩いて、その雰囲気に触れるだけでいい。

「宮古グランドホテル」前を左折し、「郵便局」前で右折して、「文化センター」前に六時二十二分に着く。

同センター前を右折して、その周辺を適当に歩いて、「農協」前の細道に入って、その近くにあった食堂に入る。ここで夕食を摂る。「沖縄そば」、二百五十円。美味しく頂く。

同食堂で四十分程過ごし、七時十五分、そこを出る。

十四年前に来た時にも、この宮古島には宿泊していない。どうも滞在とは無縁の島のようだ。どうしても那覇から離島への場合、石垣島まで行ってしまう。与那国島、波照間島、西表島等、観光客のまず訪れる島々が石垣島拠点であるということが一番の理由だろう。

しかし一通り納得のゆく沖縄旅行を終えた今、もし再びこの地に来ることがあった時には宮古

島、そしてその周辺の島々を巡ろうと思った。魅力的な島々は、この島周辺にも多くある筈だったから。

船内放送された出港時刻に間に合うように、港へと戻って行く。

沖縄本島、石垣島に次ぐ中心島ということだったが、その割には見た目にはうらさびれたものが強く感じられた。しかしそのことを真に知るためには、確かにこの島に、そしてこの平良の町に暫くは滞在しなければならないだろう（※後年、この旅行から三十年後の二〇一七年にやっと、この島を訪れることができた――「あとがき」へ）。

七時二十五分、船着場に戻り着くと、すぐに乗船する。石垣島から来た時と同じ船（「ぷりんせす　おきなわ」）なので、再び同じ船室へと入って行く。

船は出港時刻の八時（石垣島出港時からして、予定より一時間以上遅れていた）になっても出なかった。

「友達の家から、タクシーで戻って来た意味がなかった」

Kさんはそう不満を言った。

沖縄での多くのことに言えることだが、確かに本土的な対応もあるが、沖縄独自の慣わしみたいな対応もあることを感じる。それはこの島の歴史や置かれて来た現実を考えれば、当然のことかも知れない。加えて、そこに住む人の感性に大きな影響を与える気候も、本土とは全く違うのだから。

出港時刻が遅れていることに対する、お詫びのアナウンスはあっても、しかしそれも初めから解っていたこと、といった風があった。すなわち初めから遅れることを知っていながら、乗客には早く戻らせる為に、そのような時刻を言い、そして予定通り出なくなったら、こういうことを言って、事態を取りつくろうということまで。

船は五十分遅れの八時五十分に出港した。出港の放送はなかった。

夜の海、港を離れれば何も見えないので、船室に戻って横になって過ごす以外ない。Kさん、Mさんとも少し離れて横になり、揺れに身を任せた。


那覇港には翌朝七時三十分（予定より三十分早い）、入港した。航行している間に、石垣島出港時を含めて、一時間半程の遅れを取り戻したことになる。それだけスピードを上げて運航していたのだ。確かに、航行時においての、その揺れは激しかったように思う。

同三十九分、下船する。

Kさんはこのままここから、「十一時発予定の、鹿児島行きの船に乗り込む」と言う。アメリカで働いた人特有の雰囲気はあったが、しかし優しく、話し易く、いい人だった。

那覇、一日目

Kさんと別れて、私とMさんは八時に港ターミナルを出る。私はこの町に三泊する。東京への戻りの船便は、三日後（九月十六日）だからだ。今日の宿は「那覇ユースホステル」と考えていたので、港からそこへの道すがら、「明治橋」を渡った先にあった公衆電話から、そのYHに電話をし、今晩の宿泊の予約を取った。

Mさんは今日の午前十一時発の航空便（フライト）で名古屋へ行く（東京の大学に通っているが、実家は名古屋周辺にあるようだった）。

YHには港から歩いて二十五分程で着き、荷物を預けてすぐに、Mさんとそこを出る。彼のフライトの時間まで――私には取り立てて行く処も予定もないので、彼と共にその時間までを――、この町一番の繁華街である国際通りへ行き、その通りを歩いて過ごすことにする。

その前に、「明治橋」を渡り、その先にある「旭橋」を渡って、すぐにある「バスターミナル」に入る。そこにある「旅行代理店」で、空港行きのバスの乗り場を確認する為に。

そしてそれを教えてもらい、同ターミナルを出る。

次に、国際通りを行き、「県庁・県警」前を過ぎて少し行って右側にある「ロッテリア」に入り、朝食を摂る。

そして十一時発のフライトに間に合わせる為に、同店を九時四十分に出て、そのバス停へと行く。

バス停は同通りにあり、すぐ見つかる。このことは先程の旅行代理店の人に聞いていた。

そのバス停で待つこと三十数分、その番号のバスは来た。私はしかし乗り込んでから、念の為に運転手に訊く。すると、

「空港行きなら、反対側のバス停です」

まだ走り出して間もなく、加えて信号に止まっていたのが幸いした。私たちは慌てて下車した。

旅行代理店の人が嘘を言ったとは思えない。しかしそれは結果として誤った情報だった。まだ幼な顔のその子（女の子）は、自分では路線バスを利用して空港に行ったことはないのだろう。ただ結果的に誤ったことを教え、それを問う者に、もしかしたら乗る便を逃させてしまう惧れのある大きなミスをしていた。

本土復帰してから十五年経つとは言え、まだそのすべてが「ヤマト」的になったとは言えない。確かに島の老人達の言葉では、私のような内地の者のことを、「ヤマトンチュー」と言う。だから——勿論、何もかもが「ヤマト」的になる必要は全くないと思っている。むしろ沖縄らしさが多く残っている方がいいと思っている者だが。ただ否が応でも、「復帰」してしまったからには……。

多くの本土からの情報がテレビやラジオから入り込んでいるからと言っても、全く内地的になるというのは、まだ当分先のような気がして仕方ない。

物価の安さを考えれば、日本にもまだこのような処が残っていることは嬉しいことだったが、どうにも内地で暮らして来た者からすると、やはり少し違う場所と思わない訳にはいかない。

世界各地で民族的、宗教的、言語的等の違いから独立運動が起こっているが、しかしこの沖縄に関しては、そのようなことが起こる気遣いはないような気がする。独立運動を開始するなら、出来ようといくつもの要素は間違いなくあると思うのだが……。

歴史も文化も違うし、言葉も違う語彙が多い。まして本土（北海道、本州、四国そして九州からも）から遠く離れているという地理的状況をとっても、これ程「独立」し易い条件が整っている処はないように思える。

特に歴史を鑑みれば、真にその気が持てれば、それは誰も〝否〟を唱えることの出来ないことは明白なことだった。

沖縄（琉球）は「ヤマト」とは違った成立過程を経て来ているのだから、もし沖縄が再び「琉球国」として独立したら、この地域は一挙に今とは違った感じになるのではないかと思われる。ただ主たる産業がないここは――今も観光が主なのだろう――、すぐに国としての運営が出来なくなってしまうのかも知れないが……。これは私の知識不足・認識不足なのかも……だが。

本島から離れた島になればなる程、それの状況は深刻さを増し、あるいは多くの島で無人化は増すのではないだろうか。

アメリカと、メキシコ——あるいは、アメリカとキューバやその他の中南米の国々——のような関係になり、小舟での密入国者、越境者が増すかも知れない。もっと言えば、バングラデシュのように日々の暮らしに苦しむ人々が出現するかも知れない。

今のこの小綺麗な町並は一挙に荒廃化し、町角に立つ自動販売機はことごとく壊され、商店はアフリカや中南米の国々のように、戸締りを厳重にするようになるかも知れない。観光産業のみが内地からの客を当て込んで繁栄し、本土人と琉球人との経済的貧富の格差は増々広がってゆく。

表通りから一歩脇道に入ると、人々の暮らしはスラム化し、今以上の倦怠が漂う。就業率は低下し、子ども達の働く姿が目立ち、夜の町角に立つ女性の姿が増える。

内地からの観光客に群がる女性達。台湾やフィリピンやタイの歓楽街で見た光景がこの沖縄でも繰り広げられることは必然のように思われる——正確には、内地の歓楽街の一部にも、同様なことは起こっているが。

だが現実にはこの沖縄は、日本から離脱することはまず有り得ない。ならばよりマシな方向へ、よりすべてが本土的になってゆくことを祈らずにはおられない。

勿論、政治経済面で本土がこの地にあらゆる援助をしてゆくことは当然のことであるが。

路線バスを待っていたら間に合わないかも知れない時刻（十時二十五分）になっていて、それで

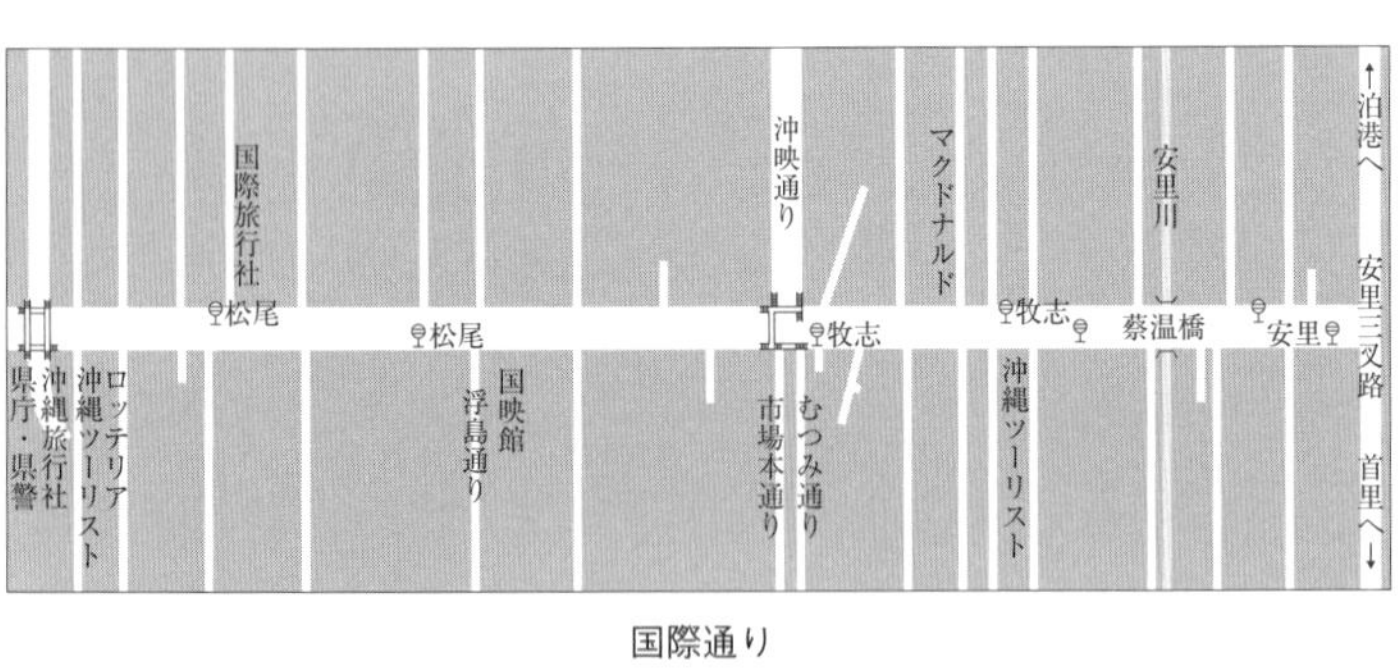

国際通り

下車した処で、通りを渡って、タクシーを拾う（同二十七分）。

タクシーなら六分で、那覇空港に着いた。そしてすぐにMさんはチェックイン・カウンターへと行き、その搭乗券を手にすることができた。彼は搭乗口へと進み、私たちはそこで別れた。

Mさんは十一時のフライトに間に合い、沖縄を飛び立っていった。二時間後には秋の気配が漂う名古屋に着くことだろう。

那覇を歩く

空港からの戻りは歩く。暢びり町中へと戻って行く。四十分後、YHに着くが、やはりこの時刻（十一時四十分）ではその扉は閉まっている。ここは協会直営のユースホステルなので、規約通りに運営されているのは当然だろう。

そこを離れると、「明治橋」、「旭橋」を通って、再び国際通りに出て、同通りを行く。

「ロッテリア」の前を通り過ぎ、「松尾」のバス停を過ぎて、「牧志」のバス停の少し手前にある市場本通りへと右折する。そしてその通りにある「ブルーシールズ」というアイスを出す店で、アイスと、かき氷を食す。かなり暑いので、食事よりそれらの方を欲したからだ。

その店に三十分程居て、同市場本通りを見物する。

そして、午後一時を過ぎてから、再び動き出す。そこから「首里」を目指して行く。十四年前には観光バスに乗って訪れた、「守礼の門」。やはり一見しておく必要がある。

今回は勿論、歩いて行く。国際通りに戻って右折し、牧志を通り、幅狭な安里川に架かる「蔡温橋」を渡って、安里のT字路（三叉路）にぶつかると（午後一時二十分）、そこを崇元寺通りへと左折して行く。

「首里」に行くのなら、本来なら、そのT字路に出たなら右折して、大道通りを行くのだが、その前に、一つ見ておく処があって……。

この安里にあるユースホステル「玉園荘」を見ておこうと思って。少し探して、同二十九分、その建物を見つける。満足してその前を離れて、そして「首里」に向かう。

安里三叉路を通過して、四十五分程歩くと、大きな龍潭公園前に建つ、「沖縄県立博物館」に着く。

この博物館があるとは思っていなかったのだが、一応入館し（学割で百円）、見学する（巻末資料11）。博物館とか郷土資料館とかは、あれば訪れなければならない。夜間大学で「学芸員」の資格取得の為の課程を履修しているからだ。

一階の受付を通り、すぐに隣りにある「歴史室（HISTORY）」に入る。

琉球列島の生い立ちから始まり、先史・原史時代の琉球王国の形成について語られている。沖縄の島々に人々が住みついたのは、約三万年前と。それ以来、人々は台風や干ばつという厳しい自然と深く関わって暮らして来ている。

王国の形成のあと、海外に活路を求めた時代を経て、廃藩置県に至るまでの沖縄の歴史を知ることができる。

また室内には、琉球から中国への使節派遣船・進貢船の模型（十五分の一サイズ）も展示されている。

一階には他に、「自然室（NATURE）」という展示スペースがあり、そこには沖縄の島々の地質（珊瑚礁から海浜まで）や、集落とその周辺の生物、島嶼河川の生物、低地及び山地に生息する生物などを通して、沖縄の豊かな自然を紹介している。

また、「イリオモテヤマネコ」、「ケラマジカ」、「イノシシ」の剥製や、島々で捕獲された、「昆虫」、「蝶」、「ハブ」や、各種の「魚類」も展示されている。

そして、スロープを昇って、二階へ。左側に「美術工芸室（ARTS AND CRAFTS）」がある。沖縄の歴史の中で育まれた、他地域とは異なった特色を持った、絵画、書、掛軸、染織、紅型、陶磁器、漆器等が数多く陳列されている。沖縄の伝統文化の深さを理解する一助となるものだ。

またそれらの工芸品と関連する、中国、韓国、台湾、インドネシア、フィリピン、ビルマ、ネパールに於けるそれらも並べられている。

同工芸室の隣りに「民俗室(FOLK CRAFTS)」があり、そこには庶民の日常生活と深く関わって来た、沖縄県各地域の民具、農機具、漁撈具、生活具（ウス、キネ、カメ等）、およそ七百点が展示されている。

また、衣食住、生業（大工道具等）、信仰（儀礼、祈り、祭り等）に関連するもの。あるいは沖縄の伝統芸能（エイサーや琉球舞踊）に関するものなど、数多くあり、先人たちの日々の生活の知恵が理解できるものとなっている。

二時間程見学して四時二十分、同館を出る。

そこから「守礼の門」は、「池端」の三叉路を左折して、同公園を回るように歩くと七～八分で着く。

当然のように多くの観光客が、バスから

「守礼の門」と、多くの観光客

次々と下車して来る。個人旅行者がその門の下に立って記念撮影などは、とんでもないことだった（注、この当時、この「門」以外には殆ど見るべきものはなかった。その門を入ってある筈の「首里城正殿」の復元は、本土復帰後二十年の、一九九二年まで待たなければならなかった）。

片隅からその門を撮る。その後、そこを離れる。あまりに人が多くて長居はできない――バスで来た観光客達も、その門の処で記念写真を撮ったら、その門の内側へと入ることなく、バスに乗り込んで引き返して行った。

十分後、私もその門をあとにする。

歩いてその坂道を下る者も私一人だ。確かに歩く旅行者は少ない。門から路線バスの通る道まで、歩く旅行者を目にすることはなかった。たぶんそんな旅行者を目にする確率は、そこに訪れる者の百分の一か、もしかしたら、もっと少ない割合でしかないかも知れない。

下り始めて二分後、「池端」の三叉路に至り、そこを左折する。その首里坂下通りを歩くこと、さらに十分、路線バスのバス停のある「都ホテル」前（観音堂前）に着く。戻りはいくらか疲れたし、時間的にもバスを利用した方が良いと思い、そのバス停で待つ。

十分程待って、五時にやって来た路線バス（宇栄原行き）に乗る。

五時二十三分、「奥武山公園」前で下車する（百三十円）。そして公園内にあるユースホステルに四分後に入る。午前中に来た時は、荷物を預けただけでチェックインはまだだったので、それを済まし（素泊まりで千八百円）、八人部屋のドミトリイの中の一つにベッドを取り、小休止して、六時二十分、夕食を兼ねて外出する。

「明治橋」を渡って左折し、那覇港ターミナル建物前にある食堂に入る。この町には三泊である。東京へ戻る船便は、三日後の九月十六日（水）と決まっているからだ。明日と明後日も、それなりにこの町の観光見物をしてゆくつもりだ。

夕食も記念として、沖縄名物の「足てびち」を注文する。これも食べておくべきものと思えたから。四百五十円と他のメニューに比べると高かったが、それも納得する。

四十分後、同食堂を出て、「旭橋」を渡って国際通りを目指す。途中スーパーマーケットに寄って、これも沖縄名産の「黒砂糖」を買っている。

国際通りは八時を過ぎても、土産物屋はどこも営業している。多くの人も出ている。

絵ハガキを購入したり、ソフトクリームを購入したりして歩いている。松尾地区にある、浮島通りを少し越えた処にある、「国映館」という映画館の前で、来た道を引き返す。宿へと戻って行く。県警前↓市役所前↓旭橋↓明治橋、そして奥武山公園へ。

九時十一分、ＹＨに戻り着き、本島（那覇）一日目を終える。

二日目。南部戦跡へ、魂魄の碑（塔）

翌日、南部戦跡に向かう。観光バスに乗れば——十四年前に来た時にはそのバスを使った——

那覇市及び、南部戦跡（沖縄戦跡国定公園）辺

訳ないのだが、今回は路線バスを利用して回る。

地図を手にして、大まかな距離的に近そうな処から訪れようと……。まず宿から歩いても行けそうな、「海軍壕（旧海軍司令部壕）」を目指す。そこまでの正確な距離数は分からないが、四㎞以内なら一時間はかからない。そう考えて歩き出す。

ユースホステルを七時五十二分に出て、南方面へ。

「豊見城城址公園」前には八時二十五分に着く。そこから目的地の「海軍壕」公園には、その五分後に着く（ユースからは四十分程だった）。

ここも十四年前に来ている。入壕料が三百円ということもあって、今回はそこへは入らず、「海軍戦歿者慰霊之塔」を写真におさめ、近くにある無料の「資料館」だけに入って、そこを見て過ごす。

入壕した十四年前のことを思い出したが、当時と同じかは分からないけれど、今回はそこをパスした。この旅行では自分が、自分の足でその目的地に着くことが一番の目的だった。

海軍戦歿者慰霊之塔

三十分程居て、観光バスが到着し出したので、九時にはその「城址公園」をあとにした。

次の「ひめゆりの塔」まではバスで行く。地図で見ると、そこまで歩くのには遠過ぎる。しかし、そこへの公共の直行バスはない。「豊見城城址公園」前のバス停まで歩き、そこから三十三番の「銀バス」（那覇交通の路線バス）で、終点の「糸満」に向かう。

二十分程でそこに着き（二百六十円）、次に「ひめゆりの塔」に向かうバス停「真栄里入口」まで歩く。そこは一分も歩けばある。

待つこと十分弱で――これはラッキーなことだった。なぜなら、そこへのバスは、一時間に一～二本しかなかったからだ――八十三番、「ひめゆりの塔」へ行くバスが来て、九時四十二分、それに乗り込むことができる。

十分後、「同塔」入口前に着く（百四十円）。そしてそこを見学する。

ここにも観光バスがひっきりなしにやって来る。私はその一団に混じって、ガイドの説明を聞いてゆく。

十四年前にも聞いていた筈だが、すっかり忘れている。内地の者にとって悲しいかな、その内容の詳細なことは、殆ど記憶に止めないものらしい。それは反省することであっても、仕方のないことのようにも思えて……。

ガイドは真剣にその時の状況を語った。そのガイドは特に熱心・真面目なガイドのようだった。しかしどれ程の者がその説明に真摯に耳を傾けていたことか。たとえ真摯に聞いていたとしても、どれ程の者が記憶の中にそのことを長く止めていることか。沖縄は本土から遠いし、そして四十二年の歳月はそれ以上に遠いものだった。

私は三十分程居て、同塔周辺をあとにする。

次に、「摩文仁の丘」まで歩いて向かう。その途中で、売店のお姉さんが、暑い日射しの中を歩いて行く私を目ざとく見つけると、

「帽子、いかがですか？」

一つ二つを指差して話し掛けた。私はいつものように、

「少し陽光(ねつ)を当てて、頭おかしくした方がいいのです。もともと悪い頭ですから」

お姉さんは、これは相手が悪い、という表情をしたが、それでも親切に、

「あと二km位です。歩いて行けますよ」

と、私の、

「摩文仁の丘まで、どの位ありますか？」

という問いに答えてくれた。

歩き始めて数分、道路（国道三三一号）上に架かる標識がある。

『魂魄の塔　一km　右へ』

と、示されている。歩いている気易さから「摩文仁の丘」へは後回しにして、そちらへと折れて行く。一kmなら、十五分程で着くだろう。

そして確かに道を曲がってから十分程で、その塔に着く（十時三十八分）。その塔は、各県の碑が立ち並ぶ中にあった。

「東京の碑」も、その碑群を抜けた坂道を登りつめて、一番奥端(はし)にあった。その手前には、「因

伯の碑」（鳥取県・因幡と伯耆）が建っている。

「魂魄の碑」とは沖縄県の碑を意味する（因みに魂魄とは死者の魂、霊魂の意）。そしてこの地には元来、その碑一つしかなかったという。後年、各県の碑がその周辺に出来ていったと。

「終戦直後には、この辺り一帯にどれ程の骨が埋まっていたか分からない。何万という単位の人骨があった。それをこの『魂魄の塔』の下に葬った。当初はその墓窟を見ることができたが、心無い者が、その頭蓋骨の鼻穴や口に煙草の吸い殻などを差し込むので、そこへの扉を閉じてしまった」

と、そこで会ったおばさんが怒りを込めて語った。

「今は〝健児の塔〟や〝黎明の塔〟、そして〝ひめゆりの塔〟ばかりに観光客は行くが、本当はこの『魂魄の塔』を見てもらいたいのだ」

「……」

「ここでみんなに祈ってもらいたいのだ。終戦直後のこの辺りの状況をこそ、今度来る天皇には見てもらいたかった」

私は返す言葉が見つからず、ただ黙ってその中年（五十半ば位）の婦人の言葉を聞いていた。

「今でもこの辺りの畑を掘り起こせば、骨は出てくる筈です」

かつての戦争は、まだこの沖縄では確かに生き続けているのだっだ。そしてそれは私の感情とも一致するものだった。戦争の現実は、時が経ったからと言って、忘れていいものでは決してなかった。
他の各県の碑が立派なのに比べて、その「魂魄の塔」が如何にも貧弱なのは、建てた当時には
それが精一杯のことだったことを語っている。
小さな土盛りの上に『魂魄』と書かれた板石は、よく見なければ見落してしまう程のものだ。
事実、その婦人に言われなければ、私はそれを認識することは出来なかったであろう。
たまにしか訪れない観光バス。そして来たとしても数分で発ってゆく。婦人の目にはそのよう
な状況は歯痒くて仕方ないようだ。しかし時が「金」と共に過ぎてゆく現在、その場所が、（一
般人にとって）あまり大きな価値(バリュー)がないことを思うと、（全体から見て）数パーセントの観光客のみ
しか訪れないということも仕方ないことかも知れない。確かに惨状の地が、現実問題として、「金」
を生む観光地化してしまった現在を考えるならば……。

南部戦跡へ、その後

「健児の塔」（沖縄師範学校男子部等の生徒によって編成された「鉄血勤皇隊」を祀った碑）には、「魂
魄の塔」を出て五十分程後（午後零時五分）に着いた。途中、「米須」の農協のスーパーで飲み物
を買い、小休止している。
「健児の塔」から海岸に降りて行く。途中に、水の湧き出ている処がある。ヒンヤリとして冷め

たい。その水こそが、当時死を覚悟してそこに隠れていた学生達が汲みに行った水だった。

ガイド（団体の観光客に付いて話しているその人の話を、私は聞いている。それはここでは可能なことだった）の説明によれば、天然自然の壕（ガマ）を十人で出て、一人でも帰って来ればいい方だったという。

米軍に見つけられてからは、正に生命との引き換えの水汲みだった。

同海岸には三分居て、元の道を戻って来る。

今、観光客はその塔の側に立つ、「清涼飲料水」売りのおばさんから、何の苦もなくそれを手に入れることができていた。時間の経過は、当時には考えることもできぬ程の変化をもたらしていた。

「健児の塔」から遊歩階段を登って行く。殆どの団体はその階段を下りて来る。当然登りより下りの方が楽だから、バスで来た観光客達はその丘（この辺一帯が「摩文仁の丘」）の上にバスで行き、下車後、階段を下って来る。バスの方は、客を降ろして丘下で待っている。

階段を登りつめた処に「牛島中将自決の壕」がある。しかし昔、その壕内の見学していた学生がその洞内の岩の落下によって命を落としたことから、その壕の扉は閉鎖されたままだという。

学生の事故があったのは本土復帰前というから、もう二十年近くも前になるという。それ以来、開けられることのない鉄扉、確かにその錠も、扉そのものも錆びついていた。

壕入口すぐ上が展望所となっている。そこからの眺望は素晴らしい。本島最南端の荒崎が望め

「平和祈念資料館」(手前、右側の建物)と、「祈念塔」を望む

る。波が白く砕ける。波風が暑い身体に心地良い。

　しかし暢びりと休んでいることはできない。ガイドに付き添われた団体客が、ここにもひっきりなしにやって来たのだから。

「黎明の塔」(自決した牛島満司令官と長勇参謀長の霊を祀る碑)が、その展望所の先にある。十四年前にもこの塔を見た。ところどころの記憶が甦える。しかしあの時は私こそ、ガイドに付いての移動だったので、その周りの記憶はない。今来ている観光バスの者たちも、その殆どは翌日には何も憶えていないのかも知れない。

　この丘にもある各県の慰霊碑塔の間を通って、遠くに見える「平和祈念塔」目指して歩く。途中、「平和祈念資料館」に立ち寄る。しかし月曜のこの日は休館日だった。十四年前、これはこの地にはなかった筈だし（「資料館」そのものは、一九七五年に開館という）、そして「祈念塔」自体もなかったと思う。今、その辺り一帯が小綺麗な公園に整地されていた。

五分程、その「資料館」辺に居て、「祈念塔」目指して、歩いて行く。

五分後、「韓国人慰霊塔」前に着く。同国の人も多く、この沖縄で命を落としているのだった。何事かを感じながら、五分後、「同慰霊塔」前を離れる。

そして、そこからすぐ近くにある、「平和祈念塔」下辺に行く。

「平和祈念塔」への入場料は五百円ということで、これもパスする（入場しない）。聞くところによると、この塔は個人が私的に建てたという。ということは、その収入はすべてその個人に入るということか。

とにかく「同塔」を周りから見物したことに満足して、この「摩文仁の丘」での予定を終えた。

路線バスのバス停に五分後に着く（午後一時三十七分）。そこで時刻表を見ると、次のバスは一時間近く待たなければ来ない。

バス停前のドライブインに、ここまで客を乗せて来て休むタクシーの運転手さんが居て、その人と話す。ついでに「玉泉洞」への行き方を訊く。路線バスなら、どこで下車すればいいのか。

最初に訊いた運転手の言葉だと、かなり離れているようなことを言っていたが、その後に来た人の話では、それ程遠いようなことは言わなかった。

その言を信じて、五十分程待ってからやって来た、バス・八十二番に乗り込む（二時二十五分）。

そして十二分後、言われた通りのバス停、「職業訓練校前」で下車する（百九十円）。

確かにその運転手さんが言ったような脇道がある。その道へと進む——この時、その脇道で、小学生の女の子が笑顔で挨拶してくれたので、その子たちの写真を撮っている（当時の沖縄ではそのような挨拶をすることに何の違和感もなかった）。

しかしその脇道を抜けたあと、再び本道に出てからが、予想以上に遠かった。

その徒歩行は現実には無駄なことだったのだ。なぜなら、「玉泉洞」への敷地口（玉城村口）角に着いても、その洞内にすぐに入れる入口があった訳ではなかったから。その角から歩いて七〜八分後にやっと、その洞入口に着いた。

さらに、入洞料＝七百円と知って、入るのをやめた。今の私には、払える額ではなかった（十四年前には、百円か二百円を払って、入洞していた）。

——本道に出てから一㎞程、十数分で「玉泉洞」の駐車場に着き、さらに七分歩いて、洞入口に着いた。成程、七百円であり、私はそこでの入洞券売りの人と話しただけで、そこをあとにした。それで満足だった。

「十四年前とはだいぶ変わっているかも知れませんよ」

という彼の言葉にも、

「次にまた来た時には入ります」

と答えて。着いて二分後、そこをあとにする（午後三時十二分）——。

五分後、バスが通る「玉城村口」に戻る。しかしここから那覇行き直行バスは、午後便は、二時過ぎと六時過ぎの二便しかないことを知り、ここでこれから三時間近くを待っている訳にもゆかず、歩くことにする。

そこに居た人の話から、ここから一㎞程離れた村、「新城」まで行けば那覇へのバスはより多く出ているということを知って。

その新城村には、「玉城村口」のバス停から十五分程で着いた。しかし那覇行きのバス停がある処にはさらに数分歩くことになる。

新城村入口から二～三分歩いて、やっとそのバス停に着く。しかしその停留所には時刻表はなかった。つまり次のバスがいつ来るのかは分からない。人に訊くも曖昧な表情を浮かべるだけだった。

私はいつ来るか知れぬバスを待つことはしたくなかった。それでそこにたまたま通りかかった軽トラックを止めて、

「もっと頻繁にバスの通る道まで乗せてくれませんか?」

と頼み、運転手さんは親切にもそのことを「OK」してくれたので、そこを離れることができた。

その軽トラックに乗り込んで（三時四十五分）、そこから走ること七分で、「東風平」というバス停に着いた。そこまで運んでくれた。

お礼を言って下車する。確かに、ここは人通りも車の往来も先程の「新城村」より激しい。

待つこと十分程（四時三分）、那覇行きの沖縄バスは来た。どうやら五時頃には那覇に戻れそうだった。早く宿のユースホステルに戻って、荷物を取って、宿換えしなければならない。同じユースホステルだが、昨日泊まった処（直営のユース）より、一泊につき四百円も安い、民営のそこに変わるのだ。四百円という額は私には一食分に相当するからだ。

路線バスは五十分後（四時五十二分）、終点の「那覇バスターミナル」に着いた（二百九十円）。すぐにユースに戻り（九分後）、荷を取ると、三分後そこを出て、歩いて次の宿、「玉園荘」ユースホステルへと向かった。

「明治橋」、「旭橋」を渡り、先程下車したバスターミナル前を通り、国際通りを進み、「安里」のT字路（三叉路、五時三十五分）を経て、「崇元寺石門」近くにある、同ユースホステルに五時四十分に入る。予約を入れていたので問題ない。

昨日の「那覇ユースホステル」は素泊まりで千八百円だったが、ここは素泊まりで千四百円である。荷物を置いて（ここは旅館形式なので、八畳の部屋で三人入るが、今日はいい具合に、私一人しか居ない）、少し休んだ、一時間後に夕食へと出て行く。

地元の人が利用する大衆食堂で、「魚定食」（三百五十円）と「沖縄そば」の小サイズ（百円）を食べて、七時三十六分、宿に戻って、那覇二日目を終えた。

那覇、三日目。そして翌日、帰京へ

翌日はただ暢びりと過ごす。もう見学・見物する処もない。土産物を買えばいい。幸い昨夜は宿では、やはりその部屋を一人で使うことが出来ていたので、ゆっくりと気兼ねなく眠ることができた。

従って今朝も、八時近くまで布団の中で横になっていることができていた。それで今日もこの宿に泊まることにした。今日も同室者が居なければいいと願いながら(もし昨日定員の三名が泊まっていたら、今日は比較的近くにもう一つある、民営のユースホステル——泊港近くにある「春海荘」——に宿換えするつもりでいたが)。

八時半少し前に宿を出る。宿から国際通りはすぐ近くなので、土産物買いにはいいのだが、何を選ぶかが厄介なのだ。五人居る甥と姪とのものを何にするか、である。しかし何かしらは買ってゆかねばならない。それがここ数年の、旅行に出た際の帰国(帰宅)時における習慣になっているから。実質最終日の今日だから、それに費やすことは仕方ない。

このことを除けば、ここまでのこの沖縄旅行は——一九七三年以来の二回目のことだが——それなりに予定通り進んでいた。

一番の目的の与那国島、波照間島を訪れることが出来たし、予定外の黒島、西表島へも行くことが出来た。それに石垣島でも楽しい時間を過ごした。石垣島こそは、長期滞在に最も相応しい処のようにも思えた。安食堂も沢山あり、ユース以外にも、安宿も探してみれば——今回は泊まらなかったが——、あった。それに各離島への便もここが中心であったから、どちらへ行こうにも行くことは出来た。

ただ竹富島での女の子探しが出来なかったのが、心残りとなったが、その分、西表島での新たな出会いは、良い思い出となるものかも知れない。

那覇三泊目（九月十五日）の今日は、午前も午後も夜間も、国際通りにある土産物屋・商店での商品探しと、そしてそれぞれの時刻に、朝食・昼食・夕食を摂ることに費やされた。これも予定された一日だった。

朝八時二十七分に宿を出て、公衆電話から自宅に連絡を入れたあと、同五十分に国際通りに入り、土産物店を見て回り出す。

九時半少し前に「ロッテリア」に入り、朝食としてのコーラ（百二十円）のみを飲んで過ごす。五十分後、同店を出て、一旦、宿に戻る（十時四十五分）。

十五分後、再び動き出す。やはり国際通りの土産物屋を覗いて歩き、十一時五十分、同通りを離れて、一昨日、宮古島からの船が着いた那覇港に行く。

十五分後、その港ターミナル建物前にある食堂に入って昼食を摂る（豆腐チャンプルー＝三百五十円）。

同店を四十分後に出て、「那覇バスターミナル」経由で国際通りに戻る。いくつかの店で土産物の目安をつけて、午後一時二十分、「マクドナルド」に入る。そこでは、ミルク（百二十円）とアイスコーヒー（百五十円）を時間を違えて摂る。

同店に四時間二十分居る。本を読んだり、ノートに書き物をして過ごす。

五時四十分に同店を出て、宿へと、十分後に戻る。

小休止して二十分後、今度は土産物を購入する為に、今日三度目の国際通りへと向かう。先程決めておいた店で甥と姪への、また自宅へのそれらを買い求める。一万円程を支出する。

七時四十分、「那覇バスターミナル」に入り、そこにある食堂で夕食を摂る（豚肉・玉子焼きライス＝三百円）。

それを食べ終えて、三十分後に国際通りに戻り、先程とは違う土産物屋に入り、自宅へのお茶を購入して帰路につく。

午後九時二十分に帰宿し、実質、沖縄最後の日を終えた。因みに今日は昨夜と違って、同室者二名が居て、昨夜のように気楽ではなかったが、ユースホステルはそれが普通のことなので問題はなかった。


九月十六日、水曜日。

「東京」行きの船の予定出発時刻は正午。それまでの時間を、宿のチェックアウト時刻（十時半までいいとのこと）まで、今日もまた、国際通り辺を歩いて過ごす。

昨朝同様、八時半少し前に宿を出て、国際通り→平和通り（左折）→新天地市場→市場本通りを経て、国際通りに戻る。

朝食を、昨夕食を摂った「那覇バスターミナル」内にある食堂で摂り（トーストと玉子焼とコーヒー、二百五十円）、国際通りにある土産物屋で、最後のそれら（子供用のシャツと、紅茶とハブ酒）を購入して、十時半に宿に戻る。

そして十分後、荷物を取って、近くのバス停へと向かう。

「安里」バス停で三十分近く待って、十一時十分やって来た路線バス、一〇一番に乗り込む。十三分後、「那覇新港」前で下車し（百三十円）、港ターミナル建物へと入って行く。

東京から乗って来た時と同じ「さんしゃいん　おきなわ」に、十一時四十八分に乗船する（巻末資料5-B）。出発予定時刻は正午。

二等船室にリュックを置き、備え付けの毛布で一人分のスペースを確保すると、デッキへと出て行く。船室にはそれ程の客は居ないので、スペースを確保したら、そこを離れても問題ないだろう。ここは日本なのだから。東京から来る時にも出航時にはデッキに居た。

沖縄での滞在実質二十三日間。往復の船中泊四日を加えると、二十七日間のこの旅行は終わろうとしている。

この夏も、それなりの思い出に残る夏になるだろう。人生は長くない。だからできるだけ思い出に残る過ごし方をしたいと思う。確かに様々な蹉跌(つまずき)や障害はあるだろう。しかしできることなら、それらを避けて、あるいはそれでも受け容(い)れて、過ごしてゆかなければならない。

満三十七歳の夏——私立大学の夜間部の四年次——が、それでもまだ青春のように過ごした夏が、終わる。

琉球海運の客船、「さんしゃいん　おきなわ」（四五四五トン。五千トンとも記すリーフレットもあり）は、零時八分に「那覇新港」の岸壁を離岸した。

了

あとがき

今から三十八年も前の旅行の記録です。ほぼ情報としては無意味な内容で、そしてその内容も甚だ希薄で……、といつもの私のパターンの文章です。

七十を過ぎても、まだこんなものを出したいというのは、ワガママというか、自己満足以外の何ものでもないのですが。

自分の人生にとって、三十七歳の夏にこんなことがあったと記しておきたくて、書き綴って来ました。

この旅行より十四年前の（本文中に於いても、何度も書いて来ましたが）、一九七三年――本土復帰の翌年。尚、私は一九七〇年に、当時有人島としては日本最南端の島、与論島から確かに、この沖縄の島影（辺戸岬辺）を眺めていました――に初めて沖縄を訪れてからの、二回目のそこへの旅行でした。一回目は本島内を巡ることが主目的でしたが――本島、最北端の地の、その辺戸岬へも行き、そこから、今度は与論島の島影を見つめていました――、今回は一回目の折に行っていなかった、最西端の与那国島と有人島としては最南端の波照間島に行くことが主目的でした

（巻末資料6）。

それらの二島を訪れられて満足し、また石垣島や西表島でも記憶に残る時間が過ごせました。それらの島々での、人々との出会いに感謝しています。

また勿論、黒島や竹富島でも良い時間を持つことが出来ています。このことにも感謝です。

一九七三年、そしてこの旅行時の一九八七年とも、二〇二五年の今は、沖縄は大きく変わってしまっています。それは自衛隊（基地）の存在です。そのどちらの年にあっても、当時、沖縄の中のそれは、目立つように存在することはありませんでした――本土復帰のその年（一九七二年）に、三つの施設があったことが、沖縄防衛局の資料には示されていますが、現在に比べれば、施設数、施設面積、そして自衛官数（人数）もかなり少なくなっています。

しかし現在では、本島以外にも、久米島、石垣島、宮古島、そして与那国島にその施設はあり、最近では大きく内地でもそれらの地の新施設（自衛隊の駐屯地が石垣島＝二〇二三年と、与那国島＝二〇一六年に置かれた）のことが報道されるようになって来ています。中国との関係から盛んに報じられるようになって来ています。

平和を希求していた沖縄に、そのような日本の国の軍隊が、まるで本土（内地）と同じような感覚で配置されていったら……。

数多くある米国の基地だって無くしたいというのが願いだった筈なのに、それに加えて日本のそれさえ本土並み（以上）に入ってくるなんて……。

これは今後も変わることはない現実だと思うと、空しい気持ちになります。国はどんどんと平和とは違う方向に進んでいるようです。

他にも本島南部の戦跡辺、「魂魄の碑（塔）」、「黎明の塔」、「平和祈念資料館」、「平和祈念公園」辺も、三十八年前とは変わっています――「平和祈念公園」内に終戦五十年（一九九五年）に当たって、『平和の礎』の碑も建立されています。


その後、沖縄を旅行することは二十年以上なく、二〇一四年に久しぶりに石垣島を訪れました。本島経由ではなく、東京―石垣島を、往復航空機によって。もう船を利用して行くという気力は無くなっていました。つまり、私自身のいくつもの状況の変化によって……。

この時は、他に西表島と、鳩間島も訪れています（六泊七日の旅行）。

翌二〇一五年には本島経由で、南北、両大東島を訪れたり（八泊九日の旅行）、二〇一七年に宮古島にも行くことができて――池間大橋を渡って、「池間島」へ、伊良部大橋を渡って、「伊良部島」、「下地島」へ、そして、来間大橋を渡って、「来間島」へも訪れています（四泊五日の旅行）――、僅かですが、沖縄のいくつかの未訪の島を見ることが出来ています。

どの島を訪れようとも内地の人間の私には、常に負い目のようなものがあって……。現実の沖縄の酷い歴史、そして現在も続く米軍基地の負担――日本全体から見て約七〇％の基地が沖縄に存在している——を考えると……。

政治が変わらない限り、このことはたぶんずっと続いてゆくのでしょう。そして政治に変わる気配がないことを考えると……。やはり「負い目」はずっと続いてゆくように思えています。

一介の小市民の私には何もできないことが歯痒く、空しいのですが。


今回も中身のない、ただ事実の羅列の行動記ですが、自分自身の記録（記念）として出すことにしました。

また、沖縄に対してその度に記したいくつかの文章（例、一六一～一六三頁辺、他）は、当時の私の浅薄な考えとして頂ければと思っています。

改めて記しますが、本文章は一九八七年当時の記述ですが——つまり、現在とは多くの点で（町村の状況も、沖縄の人たちの感性、行動も）異なっています。また言葉の使い方も（例、三十九頁十四行目、及び四十五頁二行目の「日射病」は、今では「熱中症」という言い方に）異なっています——、何かしらのことが伝えられれば、幸せに思っています。


尚、本書中に記されている、石垣島の「糸満さん」（九四頁以降）に出版に当たって連絡を取ろうとしたのですが、やはり三十八年前の住所には居られず、送った手紙は「あて所に尋ねあたりません」という赤字のスタンプを押されて戻って来ました。もしこの本を読まれることがありましたら、御連絡頂ければと思っています。合わせて、竹富島の「ンブフル展望台」の女の子（一五〇頁）も、と思っています（それぞれの写真を送れることができればと思っています）。

今回も出版にあたって、学文社の落合絵理さんに、そして山谷由美子さんに大変お世話になりました。お礼申し上げます。

著　者

二〇二五年、春

資　料

資料1-A

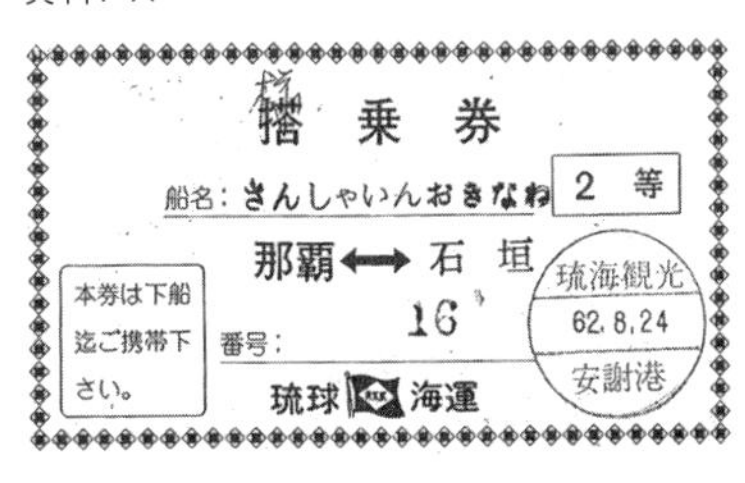

搭　乗　券

船名：さんしゃいんおきなわ　2　等

那覇⟷石　垣

本券は下船迄ご携帯下さい。

番号：16

琉球 RKK 海運

琉海観光 62.8.24 安謝港

資料1-B

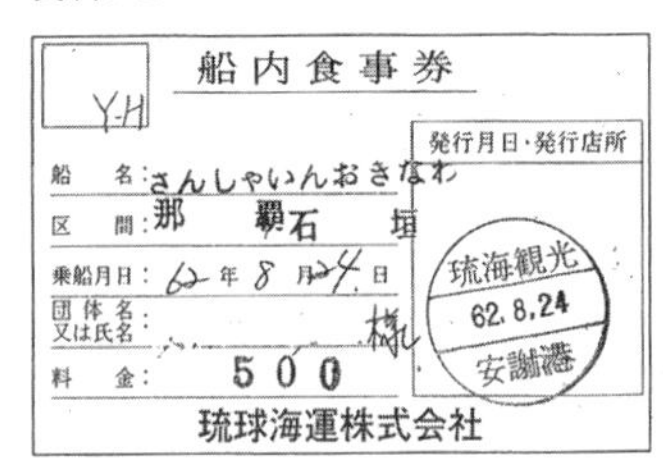

船内食事券

Y-H

船　名：さんしゃいんおきなわ

区　間：那覇　石垣

乗船月日：62 年 8 月 24 日

団体名又は氏名：　様

料　金：500

発行月日・発行店所

琉海観光 62.8.24 安謝港

琉球海運株式会社

資料1-C

（乗船港店控）

琉球 RKK 海運

船　客　名　簿

（太ワク内のみご記入下さい。）

等級　2　等	乗船区間　那八　港→　石垣　港	発売店名
8 月 24 日 出港　510　丸		
現住所		連絡先（TEL）
※ 乳幼児についても名簿が必要ですので必ずご記入願います。		

受付番号	氏名	年令	性別	職業	運賃
	[illegible]	37 才	男・女	[illegible]	~~5,100~~ 4,080
		才	男・女		
		才	男・女		
		才	男・女		
		才	男・女		

注意：この船客名簿は乗船券から切離さないで下さい。
　　　御乗船の際、乗船券及びこの船客名簿を乗船受付に提出して下さい。

資料2-A

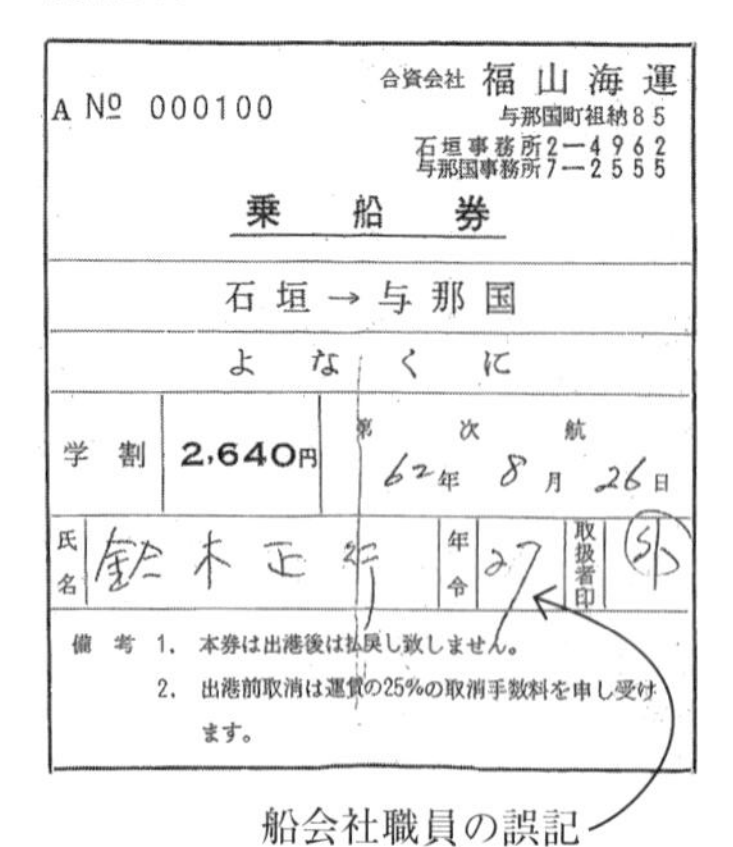

A №　000100

合資会社 福山海運
与那国町祖納85
石垣事務所2—4962
与那国事務所7—2555

乗　船　券

石垣 → 与那国					
よ な く に					
学割	2,640円	第　次航　62年　8月　26日			
氏名	鈴木正行	年令	27	取扱者印	

備考　1. 本券は出港後は払戻し致しません。
　　　2. 出港前取消は運賃の25%の取消手数料を申し受けます。

資料2-B

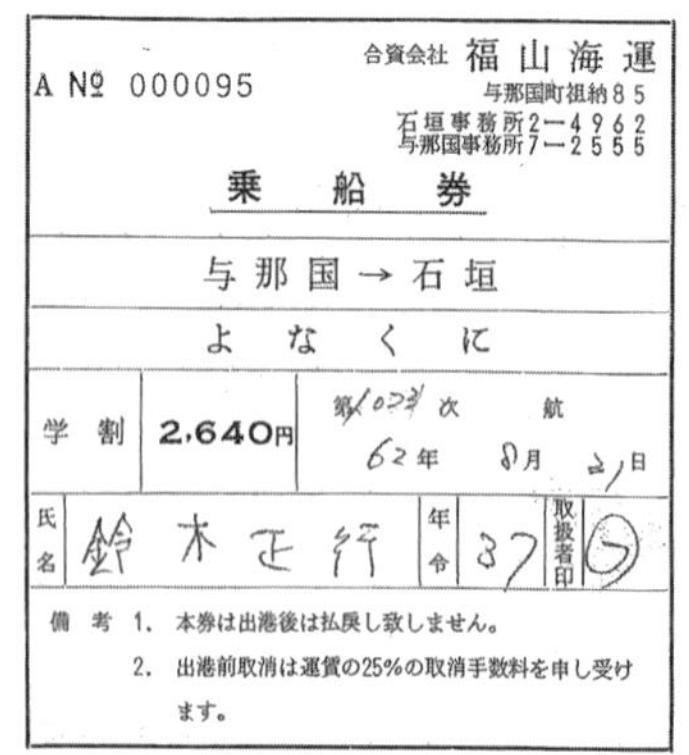

A №　000095

合資会社 福山海運
与那国町祖納85
石垣事務所2—4962
与那国事務所7—2555

乗　船　券

与那国 → 石垣					
よ な く に					
学割	2,640円	第1023次航　62年　8月　21日			
氏名	鈴木正行	年令	37	取扱者印	

備考　1. 本券は出港後は払戻し致しません。
　　　2. 出港前取消は運賃の25%の取消手数料を申し受けます。

資料3

南西航空

運送券類払戻明細書　(旅客用)　(RF　　　)

運送券番号	200-476852	A 収受運賃	5620
払戻区間	OGN－ISG	B 使用済運賃	0
取消申出日時	8/31　16:45	C 払戻運賃 (A−B)	5620
払戻理由	／ 旅客都合	D 払戻手数料	400
	当社便遅延・欠航	E 取消手数料	1400
	連絡運輸機関の遅延・欠航	F 実払戻金額 (C−D−E)	3 4220

上記金額正に領収いたしました。

旅客署名　鈴木正行

連絡先

電話

備考

発行所月日印　OKINAWA TRAVEL AGENCY 62.8.31 YAEYAMA OKINAWA

係員

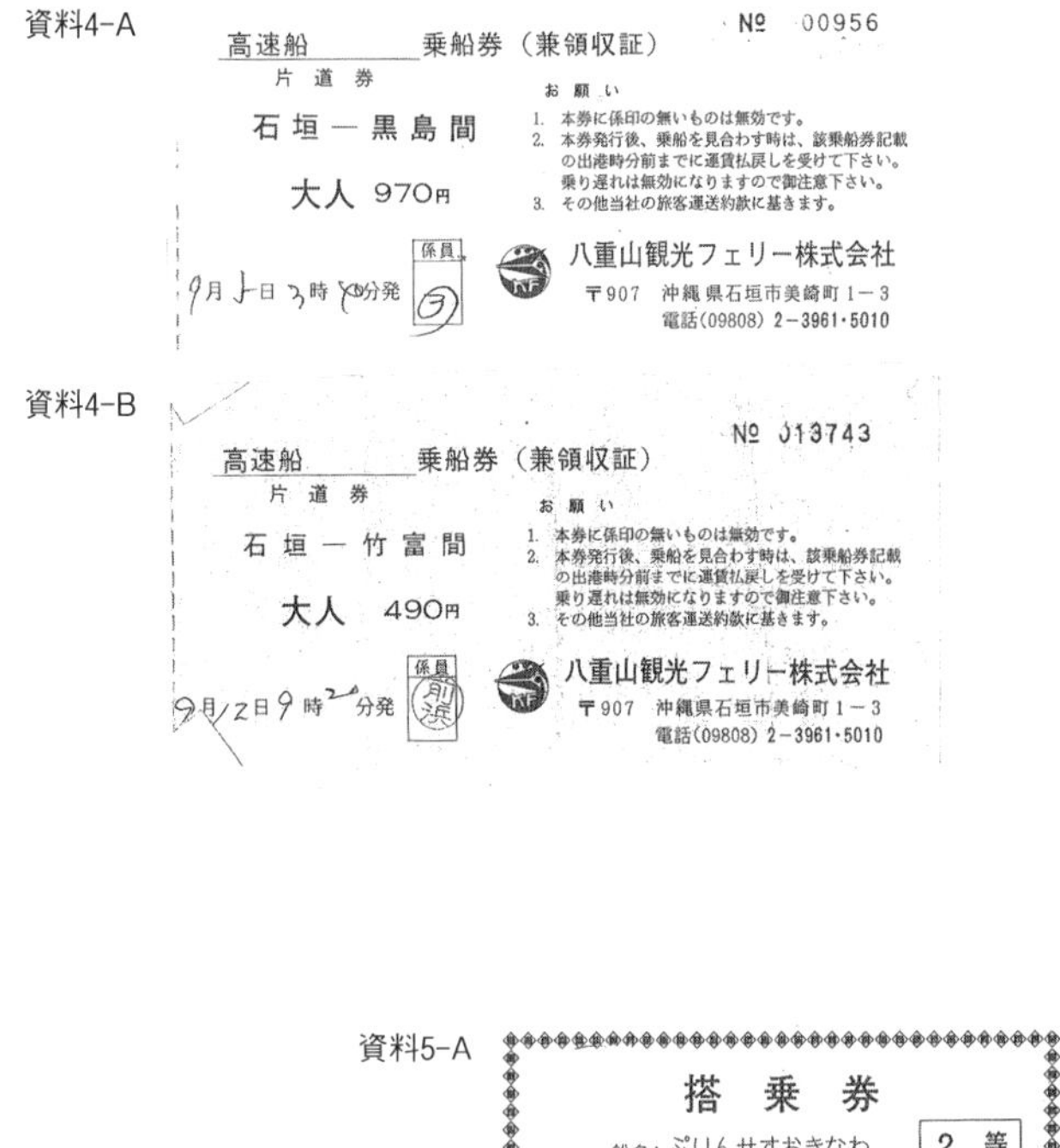

資料4-A

高速船　乗船券（兼領収証）　№ 00956

片道券

石垣―黒島間

大人 970円

お願い

1. 本券に係印の無いものは無効です。
2. 本券発行後、乗船を見合わす時は、該乗船券記載の出港時分前までに運賃払戻しを受けて下さい。乗り遅れは無効になりますので御注意下さい。
3. その他当社の旅客運送約款に基きます。

9月　日　時　分発　係員

八重山観光フェリー株式会社

〒907 沖縄県石垣市美崎町1−3

電話(09808) 2−3961・5010

資料4-B

高速船　乗船券（兼領収証）　№ 013743

片道券

石垣―竹富間

大人 490円

お願い

1. 本券に係印の無いものは無効です。
2. 本券発行後、乗船を見合わす時は、該乗船券記載の出港時分前までに運賃払戻しを受けて下さい。乗り遅れは無効になりますので御注意下さい。
3. その他当社の旅客運送約款に基きます。

9月12日9時20分発　係員

八重山観光フェリー株式会社

〒907 沖縄県石垣市美崎町1−3

電話(09808) 2−3961・5010

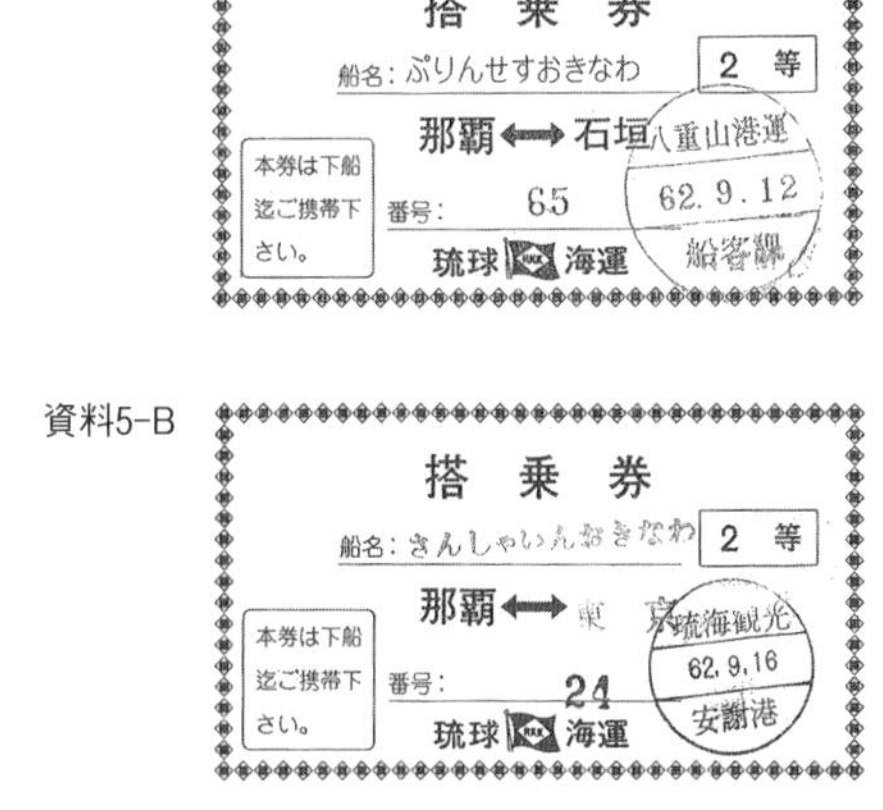

資料5-A

搭乗券

船名：ぷりんせすおきなわ　2等

那覇⟷石垣

番号：65

本券は下船迄ご携帯下さい。

琉球海運

八重山港運　62.9.12　船客課

資料5-B

搭乗券

船名：さんしゃいんおきなわ　2等

那覇⟷東京

番号：24

本券は下船迄ご携帯下さい。

琉球海運

琉海観光　62.9.16　安謝港

資料6　沖縄県・沖縄県観光連盟発行「原色ランド 沖縄」

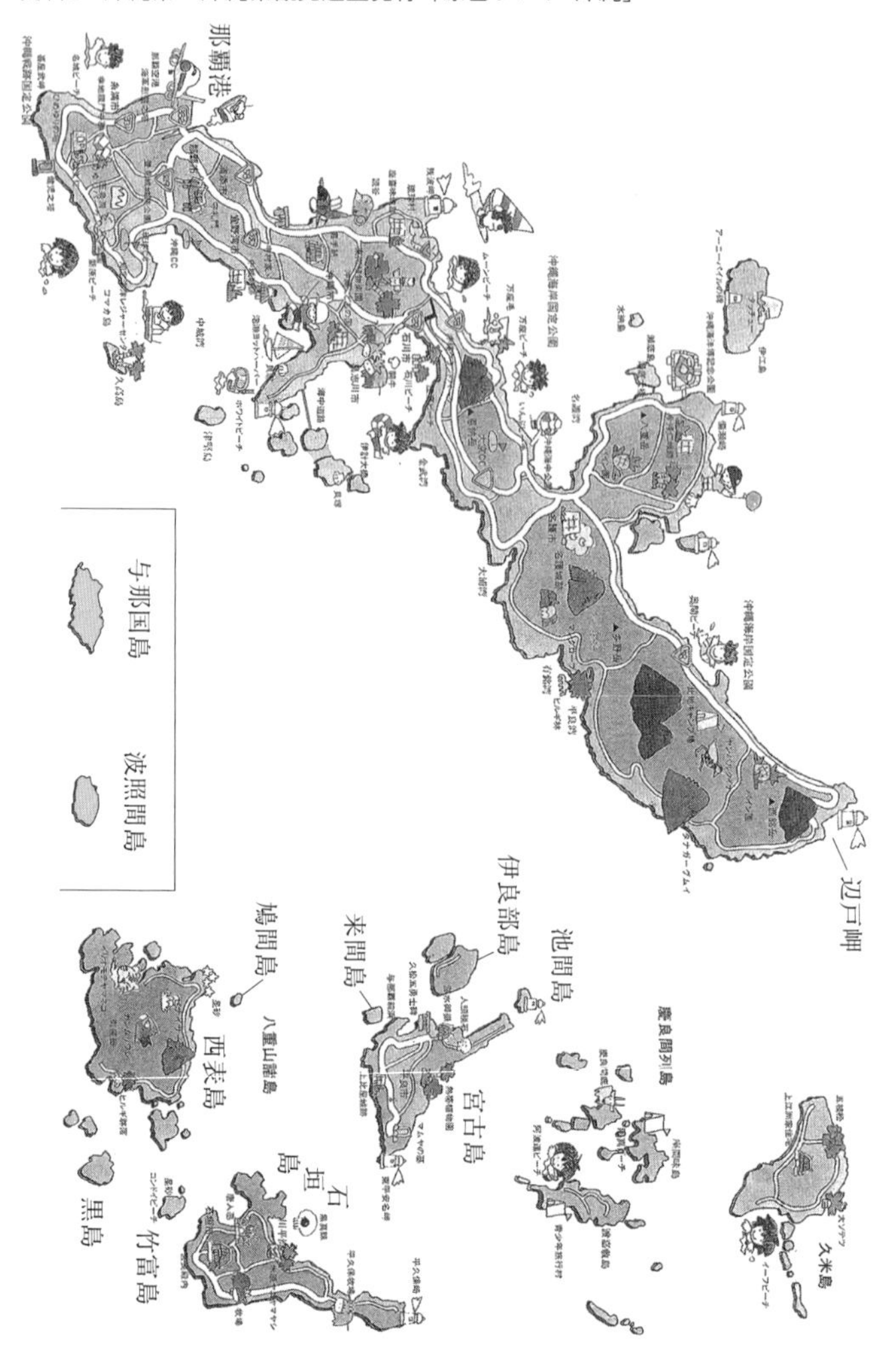

資料7　黒島ビジターセンター運営協議会発行「Kuroshima Poket guide＝くろしま　あんない」

資料8 「西表島観光センター」で入手した観光パンフレット

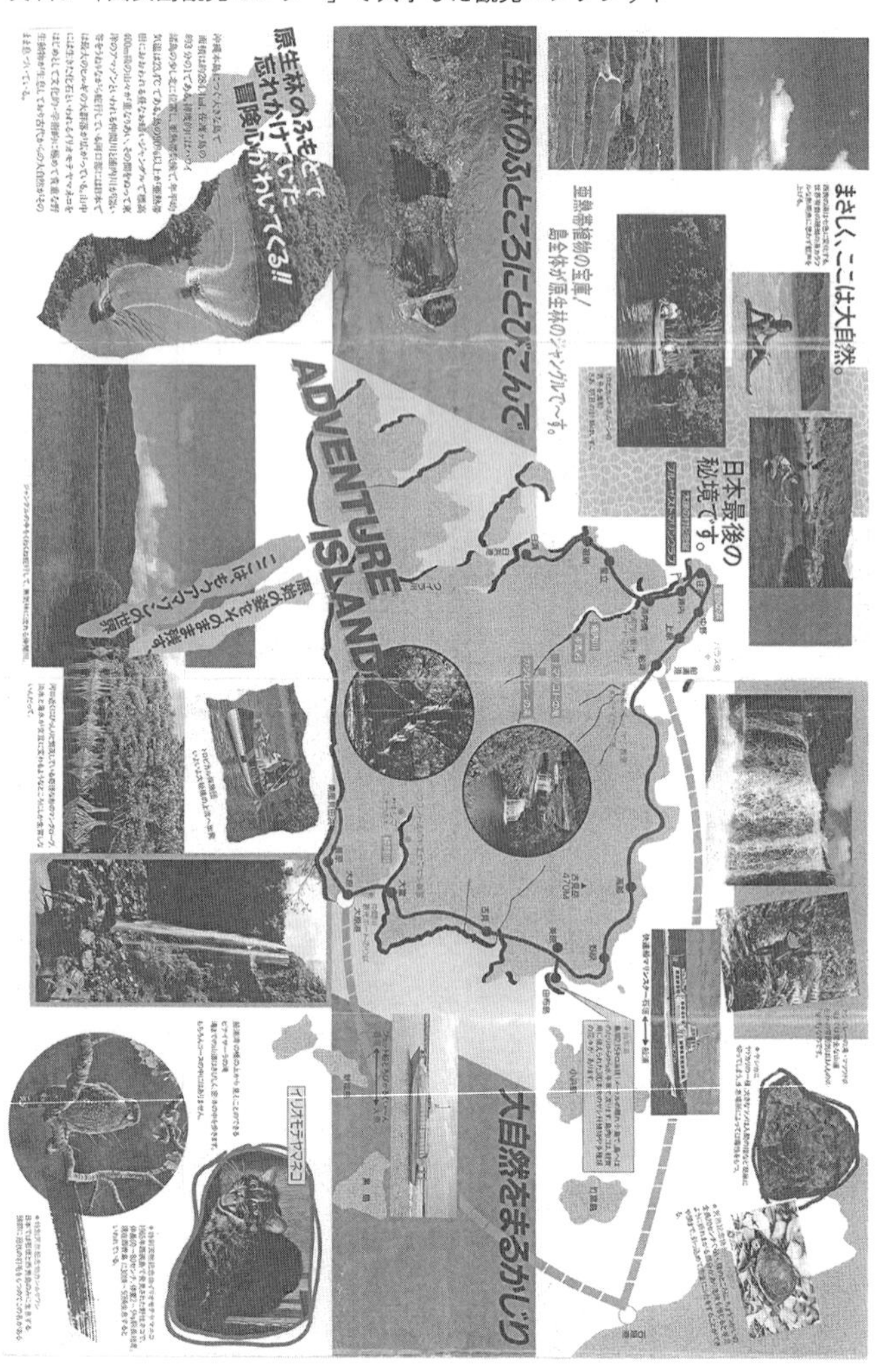

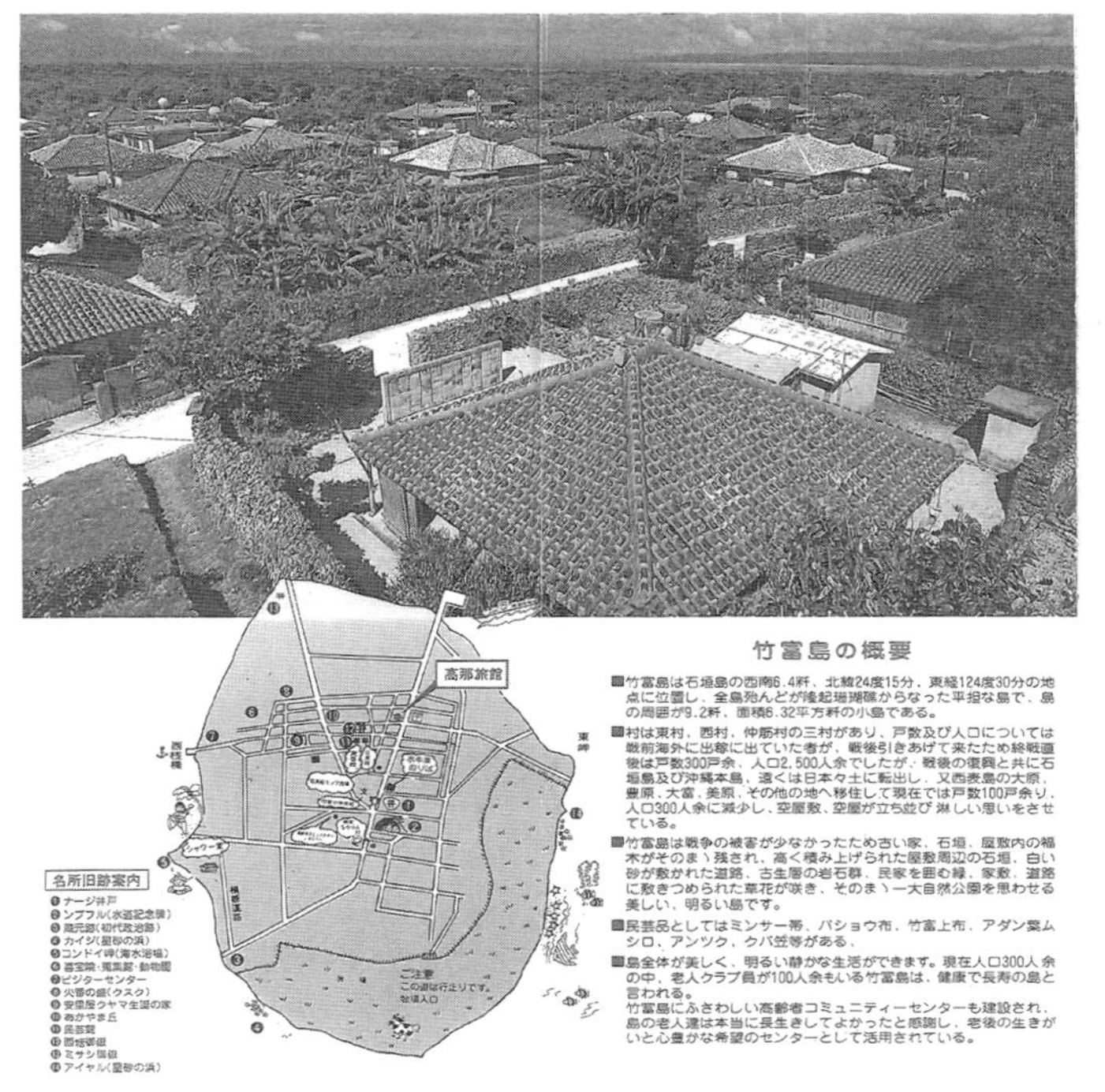

竹富島の概要

■竹富島は石垣島の西南6.4粁、北緯24度15分、東経124度30分の地点に位置し、全島殆んどが隆起珊瑚礁からなった平坦な島で、島の周囲が9.2粁、面積6.32平方粁の小島である。

■村は東村、西村、仲筋村の三村があり、戸数及び人口については戦前海外に出稼に出ていた者が、戦後引きあげて来たため終戦直後は戸数300戸余、人口2,500人余でしたが、戦後の復興と共に石垣島及び沖縄本島、遠くは日本々土に転出し、又西表島の大原、豊原、大富、美原、その他の地へ移住して現在では戸数100戸余り、人口300人余に減少し、空屋敷、空屋が立ち並び 淋しい思いをさせている。

■竹富島は戦争の被害が少なかったため古い家、石垣、屋敷内の福木がそのまゝ残され、高く積み上げられた屋敷周辺の石垣、白い砂が敷かれた道路、古生層の岩石群、民家を囲む緑、家敷、道路に敷きつめられた草花が咲き、そのまゝ一大自然公園を思わせる美しい、明るい島です。

■民芸品としてはミンサー帯、バショウ布、竹富上布、アダン葉ムシロ、アンツク、クバ笠等がある。

■島全体が美しく、明るい静かな生活ができます。現在人口300人余の中、老人クラブ員が100人余もいる竹富島は、健康で長寿の島と言われる。
竹富島にふさわしい高齢者コミュニティーセンターも建設され、島の老人達は本当に長生きしてよかったと感謝し、老後の生きがいと心豊かな希望のセンターとして活用されている。

八重山観光協会指定・各旅行社協定

高那旅館

〒907-11 沖縄県八重山郡竹富町字竹富499
電話(09808)5－2151(代)
5－2111

資料10　竹富島、「喜宝院蒐集館」入館券

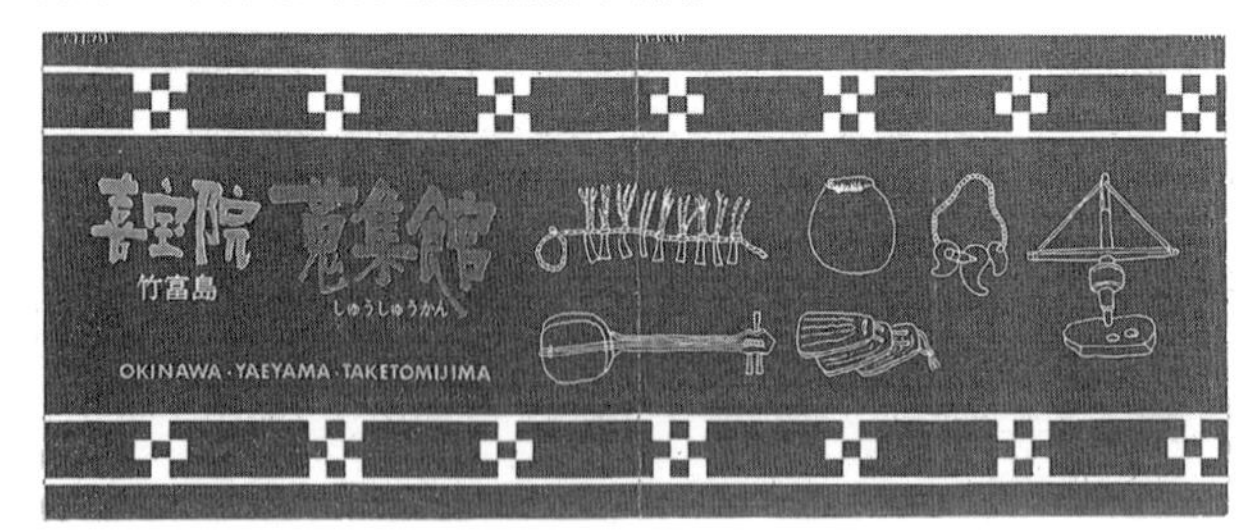

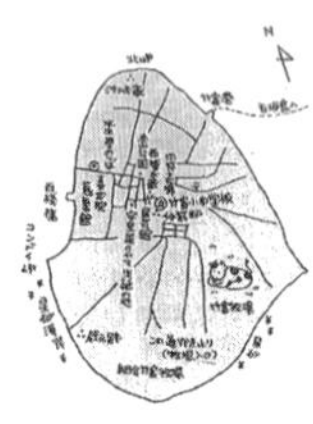

竹富島のこころ

●輝やかしい自然の中に礼儀正しく人情深い人たちが住んでいる島。
●島も小さい虫も草花も木も仲よく暮している島。
●美しい碧い海では、魚も貝もサンゴも星砂も守られている島。
●島の文化財を大切に保持し神仏を敬う島。
●島を訪ねる旅人に感謝し永く人間らしさを尽す島。

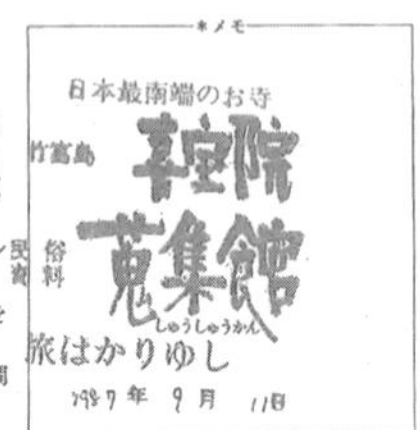

資料11　沖縄本島、首里「沖縄県立博物館」入館券

鈴木　正行
1949年，東京生。
明大二法，早大二文，
明大二文，各卒。

沖縄旅行記
——本島、石垣島、与那国島、波照間島、黒島、西表島、竹富島——
1987年 8 月22日（土）～ 9 月18日（金）

2025 年 4 月 30 日　第一版第一刷発行

著 者　鈴木　正行

発行者　田 中 千津子

発行所　株式会社 学 文 社

〒153-0064 東京都目黒区下目黒 3-6-1
電　話　03 (3715) 1501 (代)
F A X　03 (3715) 2012
https://www.gakubunsha.com

印刷所　新灯印刷

ISBN978-4-7620-3386-5